이공계 영어논문 쓰기와 구두 발표의 실제

토미야마 마치코(富山 眞知子) · 토미야마 켄(富山 健) 共著

윤기준 · 박현해 共譯

감수 이재호 성균관대학교 영어영문학과 명예교수

탐구당

English Research Paper Writing and Oral Presentation Skills for Engineers

Preface

머리말

국제화 물결은 과학자와 기술자의 발치에도 어김 없이 밀려와, 이제 영어는 단순히 "외국어과목"이 아니라 정보를 전달하기 위한 "도구"가 되었다. 중학교에서 대학교까지 영어를 학습하고, 나아가 영어로 된 문헌을 읽거나 영문 매뉴얼을 참조하는 등, 상당히 오랫동안 영어와 함께 하고 있었음에도 영어를 "**도구화**"하지 못한 사람이 실로 많다. "남을 탓하기 전에 먼저 자신을 탓하라" 하는 미덕을 가진 일본인이 아직도 상당수 존재하기에, 영어 능력의 부족을 자신의 재능 부족으로 여겨 비교적 간단히 포기하는 사람을 자주 본다. 하지만 이는 잘못된 생각이다. 영어를 "**도구화**"하기 위한 훈련을 해 오지 않았을 뿐이다. 적절한 훈련과 지도를 받은 다음 다시 한걸음 더 나아갈 때에 비로소 재능과 적성을 논할 수 있는 것이지, 그 전에 판단을 내려 버리는 것은 너무 이르다.

이 책은 영어에 의한 이공계 학술논문의 작성법과 구두 발표 방법을 축으로 하고, 여기에서 부족한 부분의 학습에 주력하는 훈련과 지도의 마당을 제공하려 한다. "**훈련**"과 "**지도**"라고 하면 야단스럽고 대단한 것처럼 들리나, 이 책이 의도하는 부분은 요컨대 "HOW TO"인 것이다.

대상으로 하는 독자는 일본의 중, 고등학교에서 영어를 배우고, 대학시험을 거쳐 일반 교양 영어를 배운 일본인으로 한다. 현재까지 해 오던 영어는 쓸모없다거나, 입시 영어를 부정하는 등의 부정적인 태도는 취하지 않는다. 지금까지 해오던 것에 덧붙여 새롭게 학습 하거나, 관점을 바꾸거나, 의식의 개혁 등을 시도해 보려 한다.

게다가 "인간적" 면에서도 지극히 흔한 사람을 대상으로 한다. 즉, 그다지 끈기도, 월등한 능력도, 에너지도, 뻔뻔스러움도 가지지 않은 사람, 덧붙여 시간도 없어 애처로운, 하지만 현실적인 사람들을 전제로 한다. 따라서 이 책은 "이상" 적 "이론" 이 아니라, "**현실**" 적 "**실천**" 을 목적으로 하고 있다.

그러한 이른바 평범한 사람들이 영어 학술논문을 써서 학술지에 투고하고 국제회의 등의 장소에서 영어로 구두발표를 하려면 어떻게 하면 좋은가를 해설한 것이 이 책이다라고 생각하는 것으로 좋겠다. 하지만, 그렇다고 해서 이 책을 읽으면 하룻밤에, 간단히, 영어논문을 쓸 수 있게 된다든가 구두발표를 할 수 있게 된다고 착각하면 곤란하다. 평범한 사람이 학문적이며 전문적이고, 거기다가 고도로 어려운 내용을 모국어가 아닌 언어를 사용해 전하려고 하는, 일견 무모하게 보일 수 있는 일을 하려는 것이니, 역시 그 만큼의 각오와 의식과 용기를 가지고 에너지와 시간을 쏟아 붓지 않으면 성과는 기대할 수 없다.

이 책의 기본 방침은 평범한 사람의 제한된 에너지와 시간을 유효하게 사용할 수 있도록 저자의 실제 경험, 지도한 경험, 언어학의 지식을 기준으로 판단해서, 넘어가도 될 부분은 넘어가고, 에너지를 쏟으면 반드시 효과가 날 부분은 크게 공들일 것이라는 것은 미리 말해 두겠다.

우선, 영어로 된 이공계 학술논문의 훈련과 지도를 한다고 말했으나, 어디에도 "이공계 학술논문" 을 위한 특별한 영어가 있는 것은 아니다. 물론 전문용어도 있고, 학술논문에 자주 나오는 구문도 있다. 하지만, 이 책에서 배워 주길 바라는 것은, 그런 학술 논문의 특징보다도 영어라고 하는 언어로 쓰이는 것과 구두 발표되는 것의 특징이다. 왜 이것이 중요한가 하면, 언어를 바꿈에 따라 언어의 형태뿐만 아니라 그 언어에 묻어 있는 **문화**마저 바꾸어야 할 필요성이 있는데, 이는 상당히 까다로운 작업이기 때문이다. 어떻게 까다로운지를 알아 가는 것이 이 책을 읽는 재미다.

한편, 본서는 "전기학회잡지(電氣學會雜誌)" (1992,1993)에 연재된 것을 기본적인 아이디어로 하고 있으며, 코로나社의 요청으로 책으로서 구체화시킨 것이다. 출판 기회를 준 것에 감사한다.

1996년 5월

富山 眞知子 富山 健

토미야마 마치코 · 토미야마 켄

역자의 말

Preface

지금처럼 국제화 바람이 거센 환경에서 모든 분야 사람들이 절실히 느끼고 있는 것은 영어 의사소통이 점점 더 중요해지고 있다는 것이다. 산업계에서는 이미 영어로 능력을 평가하고 인사 고과에 반영하는 데가 많으며, 특히 이공 분야 학계와 연구계에서는 국제 학술 논문과 구두발표가 능력과 업적을 평가하는 데 가장 큰 비중을 차지하고 있다. 그러나 한국인으로서는 아무래도 언어의 핸디캡 때문에 원고를 작성하는 데 많은 어려움을 겪고 있는 것이 현실이다. 그런데 마침 우리와 언어 구조가 비슷한 일본에서 이 애로점을 해결하는 데 큰 도움이 되는 책이 나왔기에 이를 번역하여 소개하게 되었다. (원제: 이공계 영어논문과 구두발표의 실제, 코로나 사, 1996년 7월10일 초판 제1쇄 발행)

머리말에서도 밝혔듯이, 이 책은 대학 수준의 일반 교양 영어를 배운, 영어 발표에 초심자인 사람을 대상으로 한다. 역자로서는 우리나라 여러 대학의 대학원생들이 쓴 논문 원고를 많이 접해왔는데, 늘 답답함을 느끼곤 했다. 원고를 많이 교정해 주었지만 한계를 느꼈고, 더 좋은 방안이 없을까 고심하던 중에 이 책을 접하게 되었고, 평소 느끼고 있던 답답함이 크게 해소되었다.

이 책은 일본 대학생/대학원생의 수준에 맞춘 것인데, 언어뿐만 아니라 사고와 문화가 비슷한 **우리나라 학생에게도 바로 활용될 수 있다**는 것이 가슴에 확 닿았다. 체계적으로 조목조목, 흔히 저지르는 실수 및 미흡한 점들을 들어서 해결책을 제시하고 있다. 특히 **의식(意識) 개혁이 선결 조건**(prerequisite)

이라는 지적은 깊이 동감한다. 우리나라 학생들에게 큰 도움이 될 것으로 기대하고 있다. 이 책 중에 나오는 '일본인' 과 '일본어' 는 '한국인' 과 '한국어' 로 바꾸어 읽으면 대부분의 내용이 그대로 적용된다고 본다.

이 책을 번역해 오는 가운데, 언뜻언뜻 떠오르는 두 분께서 계신다. 한 분은 '동양학 어떻게 할 것인가 (통나무, 1986)' 을 비롯한 여러 저서를 내신 도올 김용옥 선생님이신데, 번역이란 그저 말만 그대로 옮기는 단순한 작업이 아니라 원저와 다른 지역과 다른 시대에 맞게끔 역자의 주의(注意)가 필요하다고 하셨다. 또 한 분은 '우리글 바로 쓰기 (한길사, 1989)' 를 위해 평생을 바친 작고하신 이오덕 선생님이시다. 일본어가 우리말과 기본 구조는 매우 닮았지만, 세세한 부분에서는 문화와 전통과 관습에 따라 꽤 차이가 있다. 이오덕 선생님께서 지적하신 바를 따라 일본 어투를 우리말에 맞게 하려고 아래와 같이 노력하였다.

'~적(的)', '~에 있어서', '~상(上)', '~시(視)' 와 같은 것은 없어도 되는, 아니 오히려 없는 편이 더 나은 경우가 많았고, 필요하다면 이러한 다소 모호한 말보다 뜻이 더 분명한 말로 바꾸었다. 이런 쓸데없는 말을 원고를 쓸 때 머리에 떠 올린다면, 영어로 바꿀 때 더 애를 먹을 것이라는 것이 역자의 생각이다 (의식의 개혁이 필요하다).

또한 일본어에는 '의' 를 너무 많이 쓰는 경향이 있다. 원래 우리말에는 '의' 를 그다지 쓰지 않는다. 그래서 일본어의 '의' 를 빼는 것이 오히려 우리말답고, 또는 그 대신 서술적으로 풀어 쓰면 뜻이 더 분명하고 이해하기 쉽다. 이렇게 하면 역시 영어로 쓸 때 더 유리하다고 생각한다 (표 II-2 참고).

또 다른 예로써, 일본어에는 '하지 않으면 안 된다' 는 표현이 상투적으로 굉장히 자주 사용되는데, 이것을 영어로 직역하려면 어떻게 써야 하나? 많은 경우에 우리말로는 '해야 한다' 고 하면 그만이고, 영어로는 'must do' 로 간단하다.

일본어에는 '무엇과 무엇' 을 '무엇, 무엇' 으로 나타내는 경우가 많은데, 일본어에서는 문제없이 통용되는 듯하다. 그러나, 이런 쉼표가 나타나면 연결인지 쉬는 곳인지가 아리송하므로 (특히 긴 문장에서) 다시 돌아가 두어 번 더 읽어 보아야 하는데, 독자에 대한 서비스가 아니다. 우리말에서는 대등 연결을 무조건 쉼표로 나타내면 안되고 '과(와) 또는 및' 을 적절히 써야 한다고 생각한다. 우리글에서도 이런 잘못된 예가 최근 많이 나타나는데, 불식되길 바란다. 참고로 예를 들자면, '논문 편' 의 7장 첫 문단에서 원문을 그대로 직역하면 "여기서 '이해 편' , '기본 자세' 의 장의 'Organization' , '파이날 프로닥트로서의 원고' 의 각 절을 ~" 인데, 번역은 "여기서 '이해 편' 중 '기본 자세' 장의 '구성' 및 '최종 작품인 원고' 에 관한 각 절을 ~" 로 하였다('의' 가 많이 줄었고, 쉼표가 하나도 없음).

또 일본어에는 일본어로 정착된 영어를 많이 쓰고 영어 단어도 그대로 섞어 쓰는 경우가 많으나, 이 번역서에서는 되도록이면 일단 우리말로 바꾸었다 (위의 예 참고). 그 외에도 여러 가지 있으나 마지막 한 가지, 일본어에서 비교를 위해 쓰는 '보다' 에 대해서인데, 우리말 '보다' 는 조사(토씨)이므로 단독으로 쓰면 문법에 맞지 않는다. 요즘 우리글에서 이것을 부사(어찌씨)처럼 단독으로 쓰는 경우가 허다한데, 일본어 때문에 우리글이 망가진 대표 격의 예이다. 단독으로 쓸 때는 '더 (더욱)' 을 써야 한다.

이 번역서에 잘못된 곳도 꽤 있을 것이다. 이에 대해서 원 저자는 무관하고, 역자들의 잘못이다. 독자들이 많이 지적해주길 바란다.

이 책을 소개하시면서 번역을 권유하시고 감수까지 해주신 이재호 교수님께 감사 드리고, 또 이 번역본의 출판 기회를 주신 탐구당과 많은 도움을 주신 직원 여러분께도 감사 드립니다. 또한 일본어 번역에 많은 도움을 주신 번역가 김성길 선생님과 유민 선생님에게도 고마움을 표합니다.

2008년

윤기준 · 박현해

표 목록

목 차

III. 구두발표 편

Ⅰ. 이해편

1. 처음에

쓰인 것은 문화를 반영한다. 쓰인 것이 소설이나 수필이라면 이러한 점이 현저히 드러나겠지만, 신문의 논설이나 학술논문에도 이런 점이 드러난다. 따라서, 다른 문화를 반영하는 영어 논문 양식(様式: style)을 도입하려고 하면, 일본어 논문을 쓰는데 익숙한 일본인으로서는 아무래도 감각적으로 익숙하지 않는 부분이 나오게 된다. 문화로부터 나오는 고유한 "감각"은 좀처럼 버리기 어려워서, 문법상으로 잘못된 부분에 대한 지직은 고분고분히 받아 들이는 사람도, 수사학적(rhetoric)에 대한 지적에는 바로 거부감을 드러낸다. 하지만 이는 반드시 뛰어넘지 않으면 안 되는 장애물과 같다. 상대방의 경기장에서 싸우는 것이라면, 상대의 문화에 준한 감각으로 승부하지 않으면 승부가 되지 않는다.

따라서 이 책에서는 영어 논문에서 "좋다"라고 판단되는 감각을 소개하여, 일본어 논문에서 "좋다"라는 감각과의 차이를 강조한다. 더 나아가 영어에서 "좋다"라고 여겨지는 감각에 따라 자신을 이끌 수 있도록 쓰기 방법의 기본적인 규칙(rule)을 해설해 나갈 것이다.

일본어 논문을 "쓰는 데"에 익숙한 사람은 많은 반면, "말하는 데"에 익숙한 사람은 적다. 자주 듣는 말이지만, 일본문화에서는 "입 밖에 꺼내는" 것은 장려하지 않는다. 그러한 탓일까, 교육 기관을 통해 사람 앞에서 말하는 훈련을 받을 기회는 거의 없다. 따라서 영어로 구두 발표를 목표로 할 경우, "말하기" 문화권 밖에 있는 일본인은 영어와 일본어의 문제 이전에 사람 앞에서 말하는 훈련을 생각하지 않으면 안 된다. 이를 위해 구두발표(口頭發表)에 관련된 요령(skill)을 해설하는데 다소 시간을 들일 예정이다. 우선은 토대를 만든 후에, 언어의 문제에 임할 방침이다.

"머리말"에서 선언했듯이, 본서는 기본적으로는 **HOW TO**를 설명하는 책이기 때문에 실천할 수 있는 요령을 많이 소개한다. 그러나, 각 요령의 훈련 이전에 더욱 중요한 "**의식(意識:awareness)**"의 문제가 있다. 이 "의식"의 문제를 극복하면 싸움은 반은 끝난 것이고 (It' s half the battle.), 남은 부분은 의외로 막힘 없이 진행된다.

"의식의 문제"라는 것은 간단히 말하면, 알아차리지 못하는 것이다. 왜 알아차리지 못하느냐면, 그것을 특별한 것, 중요한 것, 주목해야 할 것으로 인식하지 못하기 때문이다. 이처럼 눈에 띄지 않는 것들은 다른 것과 비교를 했을 때에야 비로소 눈에 띄게 된다. 즉, 일본어만을 사용하면서 일본 문화에만 젖어 있다면 그것을 볼 수 없다. **의식이 없는 곳에 학습이 있을 수는 없다.** 따라서, 본서에서는 일본어에 익숙하고 일본문화의 가치관에 익숙한 사람들의 **의식개혁**이라는 점도 중요한 과제가 된다.

하지만, 여기서 확인해 두고 싶은 것은, 저자는 영어문화의 가치관이 좋다거나, 일본문화의 가치관이 나쁘다라고 말하려는 것은 <u>절대 아니다</u>. 어디까지나 영어로 논문을 쓰고 영어로 논문을 구두 발표하는 이상, 영어에 부수(附隨)된 가치관으로 행하는 것이 상책(上策)이다라고 말하고 있는 것이다. 다른 사람 집에 간다면 그 집의 짓는 법(作法)에 따르는 편이 좋다. 그래서, 그 집이 받아들이고 이해할 수 있도록 그 짓는 법에 익숙해지자는 것이 이 책에서 노리는 바이다.

2. 기본 자세

여기에서는 "쓸" 때에도, "말할" 때에도 공통으로 쓰이는 기본 자세와 태도를 정리해 둔다.

2.1 발신자(發信者)의 책임

영어로 논문을 쓰든 구두발표를 하든, 쓰는 사람 혹은 말하는 사람으로서 반드시 유지하지 않으면 안 되는 자세가 있다. 그것은 읽는 사람 혹은 듣는 사람의 이해에 대해 책임을 지는 것이다. 즉, 수신자(受信者)를 위해 철저히 노력하는 자세이다.

Hinds(1987) 는 "이해 과정에 대한 책임의 소재(所在)"라는 관점에서 일본어에 의한 의사전달(communication)과 영어에 의한 의사전달을 비교하고 있다. 동양 전통과 문화를 배경으로 하는 일본어형(型)은 **독자/청취자 책임형(reader/listener responsible)**, 서양 수사학 전통을 받아들인 영어형(型)은 **저자/화자(話者) 책임형(writer/speaker responsible)**이라고 한다. 음성과 문자라고 하는 전달 방식(mode)의 차이는 이때 문제가 되지 않으므로, "독자"와 "청취자"를 합쳐 "수신자(受信者)"로 하고, "저자"와 "화자"를 합쳐 "발신자(發信者)"라고 하자. 일본어형은 이해에 대한 책임을 수신자가 부담하고, 영어형은 그 책임을 발신자가 부담한다는 양극(兩極)의 양상(樣相: pattern)을 볼 수 있다.

이를 알기 쉽게 말하자면, 일본어 형에서는 발신자가 "이해를 못하는 것은 수신자인 너의 잘못이다. 좀 더 머리를 굴리고, 행간을 읽고, 더 열심히 노력해" 하는 깔보는 듯한 태도로 나오는 반면에, 영어 형에서 발신자는 "이해하실 수 있도록 이렇게도 해 보고, 저렇게도 해 봤습니다. 거기에다 이러한 것도 생각해 봤습니다. 그럼 수신자 여러분 이해하실 수 있겠습니까?" 하고 서비스에 최선을 다하여 수신자의 기분을 거스르지 않도록 조심 조심하지 않으면 안 된다는 것이다.

이는, 일본인이 영어로 발신하려고 한다는 것은 왕의 신분에서 단숨에 하인으로 낮아져야 한다는 뜻이므로, 말 그대로 혁명적인 태도 변화를 요구당하는 것과 같다. 이러한 "의식"이 없으면, 신분이 높고 태도가 거만한 수신자가 상대해 주지도 않게 되는 큰 실수를 저지르게 되는 것이다. 달리 말하자면, 일본어 형에서 수신자는 동정적(sympathetic)이며 관용적이기 때문에 발신자는 이에 어리광을 부릴 수 있다. 하지만 그 어리광을 확실히 그만 두지 못한다면 영어 형의 의사전달(communication)은 성공할 수 없다는 것을 마음에 새겨야만 한다.

이러한 역사적, 문화적 배경에서 생겨난 수신자의 태도 차이와 더불어, 또 다른 문제가 있다. 그것은 우리들이 스트레스로 넘쳐나는 현대 고도 문명사회에 살고 있다는 것이다. 일본어권, 영어권에 상관없이 사람들은 모두 여유를 잃고, 관용을 잃고, 안절부절못하며 생활하고 있다. 정보는 넘쳐나고, 시간은 지극히 귀중하다. 그런 와중에 이름이 알려지지 않은 (name value가 없는) 외국에서 온 평범한 사람이, 자기의 일개(一箇) 논문을 읽거나 일개 강연을 들어주기를 바라고 있는 것이다. 수신자가 마지막까지 기분 나빠하지 않으면서 읽어주고 들어주도록 만전을 기하는 태도가 긴요하며, 이는 또한 자신을 위해서이기도 하다.

2.2 책임수행 대책 - (1) 구성 (Organization)

그러면, 수신자를 위해 철저하게 최선을 다한다는 것은 구체적으로 어떤 것인가? 그것은 한마디로 하면 "**자신이 하고 싶은 말이 무엇인가를 맨 처음에 확실히 알 수 있도록 전달한다**"고 하는 것이다. 간단한 것처럼 보이나, 일본인에게 이것은 정말로 성가신 일이다. 왜일까?

우선 일본의 전통적 가치관에 딱 들어맞는 격언으로서 "침묵은 금이다"가 있으니, 일본인에게는 "말하지 않는 것이 가장 좋은" 것이다. 다음에 예를 든

신문 투고란의 의견이 이러한 가치관을 극단적으로 나타내고 있다.

> ……텔레비전에 나오는 사람들의 대다수는 수다스러움이 너무 지나치다고 생각됩니다. 제 생각으로는, 자신의 의사를 상대에게 올바르게 전하기 위해서도 너무 떠들지 않는 편이 낫지 않을까요 (밑줄 저자)
>
> (마이니치(毎日) 신문, 平成 7년(1995) 5월 24일자 조간)

이를 투고한 독자는 다소 연배가 있는 남성이지만, 이러한 의견이 일본에서 예부터 전해 내려오는 모습으로서 당연한 것처럼 일본인에게 받아들여지고 있다. 그렇기 때문에 일본인에게는 우선 자기 의사를 바깥으로 발신하는 행위 자체가 저항을 동반하고 있는 것이다.

그렇지만 일본인이라고 해서 말 안하고 지낼 수만은 없다. 하지만 말을 한다 해도 딱 잘라 말하거나, 단도직입적으로 말을 꺼내거나, 포장하지 않고 말하는 것은 최선을 다해 피한다. 반대로 완곡하게 말을 돌리고, 행간(行間) 어딘가에 있을지 모르니 그렇게 알아라 하는 식으로 표현하는 방법, 마지막까지 기대하게 하는 방법 등을 대단히 좋아한다.

이러한 가치관과 풍습에 익숙한 사람들에게 "자신이 말하고 싶은 것을 맨 먼저 확실히 전달한다" 하는 것은 쉬운 일이 아니다. 전달하기 이전에 "자신이 말하고 싶은 것"이 도대체 무엇인지조차 모르는 일본인도 자주 볼 수 있다. 일본에서 일본어만 사용하면서 살아간다면, 그런 것은 몰라도 충분히 제 역할을 하면서 살아갈 수 있기 때문이다.

설령 자신이 말하고자 하는 바가 무엇인가를 알고 있는 사람도, 말하지 않으면 안 된다고 생각하고 있는 사람도, 다음 단계의 "맨 먼저 전달한다"라는 데에 또 한번 곤란해 한다. 일본인다운 가치관으로는, 하고 싶은 말을 먼저 말해 버리면 자신의 수(手)를 상대에게 보여주게 되는 것은 아닌가, 처음부터 결론을 보여주게 되면 무미건조해지는 것은 아닌가 하고 생각해 버린다. 그러나 여기서 떠올려 주길 바란다. 영어로 발신한다는 뜻은 영어가 가지는 가치관이

지배하는 경기해서 해야 한다는 것을.

영어가 가지는 가치관이라는 것은, 일단 확인 차원에서 여기에 적어 두지만, "**말하는 것이 좋다, 확실히 말하는 것이 좋다**"라는 것이다. Hinds (1987)는 구미 문화의 가치관을 표현하면서 다음의 격언을 거론하고 있다.

> Tell' em what you' re going to tell' em, tell' em, then tell' em what you told' em.
> (청중에게 우선 지금부터 무엇을 말할지를 전하고, 다음에 실제로 전하고, 마지막에 무엇을 말했는지를 전하라.)

또한 이 격언은 영어논문 및 구두발표의 구성(構成: organization)를 한마디로 표현하고 있다. 구성이라는 것은 말하고자 하는 내용을 어떻게 정리해 어떠한 순서로 전할 것인가, 이른바 글 또는 말의 구성인 것이다. 다시 설명하자면, 영어의 의사전달에서는 하고자 하는 말을 바로 파악할 수 있는 것이 좋기 때문에 당연히 하고자 하는 말이 맨 처음에 나오게 되는 것이다. 그 다음에 실제 내용을 이야기하고, 그리고 마지막으로 다시 한번 말하면서 끝낸다. 길고 짧음의 차이는 있으나, **통틀어 3번이나 같은** 이야기를 말하는 셈이다. 문단(paragraph)이라는 작은 단위든, 몇 개의 문단이 모인 절(節)이나 장(章)이든, 나아가 이것들이 모인 작은 논문이든 큰 논문이든 구성은 언제나 같다. 쓰인 것이든, 구두 발표할 것이든 마찬가지다.

이 구성 자체는 실로 단순명쾌하고 간단해서 거기에는 문제점이 없다. 요점은 좋은 영어논문을 쓸 수 있는가 구두발표를 할 수 있는가는 자신이 이를 좋은 것으로 납득할 수 있는가 아닌가에 달려 있다. 납득한다는 것은 오랜 시간 지니던 가치간과 결별하는 것이기 때문에 매우 힘들다. 하지만, 우선 의식(awareness)을 가지고, 거기서부터 한 걸음 내딛길 바란다.

2.3 책임수행 대책 - (2) 최종 작품(final product)인 원고

갑작스레 송구하지만, 요시다 켄코우(吉田兼好)의 수필 '도연초(徒然草)'의 첫 부분을 떠올려 주길 바란다. 누구든지 한번쯤은 암기를 강요당했던 그 첫 번째 문장이다.

> 이렇다 할 볼 일도 없어 무료하기도 하려니와, 서글퍼질 만큼 쓸쓸한 감회에 사로잡혀, 하루 종일 벼루를 마주하고 가슴에 떠오르는 이런 일 저런 일들을 두서 없이 적어 내려가노라면 야릇하게도 걷잡을 수 없이 마음이 복받쳐 올라서 미칠 것만 같다. (밑줄 저자)

'도연초' 를 대표하는 이 "마음에 떠오른 이런 저런 일을 그적거리다" 라는 스타일은 일본에서 수필과 에세이라고 부르는 것들에서 볼 수 있는 큰 특징 중 하나다.

물론 우리들이 시도하려는 과학논문은 수필도, 에세이도 아니다. 하지만 이러한 전통에서 길러진 수필 방식의 태도가 일본인이 쓴 과학논문에도 여기저기 얼굴을 내민다. 저자의 머리에 떠오른 생각을 순서대로 써나가는 원고는 일본인 사이에서는 드물지 않다. 하지만 이렇게 해서는 수신자의 노여움을 사게 됨이 틀림없다. 머리에 떠오른 순서대로라면 당연히 결론이 마지막에 나오게 되고, 이따금 결론도 뭐도 없는 그저 무작위 아이디어의 집합과 같은 처참한 글이 된다.

그러나 저자는 머리에 떠오르는 것을 적는다는 작업을 부정하는 것은 절대 아니다. 그것은 논문 집필, 구두 발표용 원고작성이라는 과정에서 중요한 작업 중 하나이다. "쓰기" 라는 작업은 머리 속에서 뭉게뭉게 피어 오르는 생각을 명확히 하고 자극을 주어 더 나은 아이디어를 낳게 한다. 따라서 쓴다는 것은 더 나은 사고를 하게 해주는 중요한 수단인 것이다.

그렇다고 해서 사고의 과정을 그대로 옮겨 적어서 수신자에게 보여줘서는 안 된다. 수신자에 보일 것은 어디까지나 **최종 원고이지 도중의 과정이 아니다**. 머리에 떠오른 이런저런 것을 정리해 올바른 구조, 즉 "자신이 하고 싶은 말을 맨 먼저"의 형태로서 수신자에게 제공하는 것이다.

2.4 책임수행 대책-(3) 수신자(受信者)의 시간 절약

"하고 싶은 말을 맨 처음에 하는" 구성은 수신자의 시간을 절약시켜 준다는 점에서도 서비스가 된다. 게다가 구성과 병행해서 하나하나의 문장을 이해하는 속도에도 끊임없이 유의하지 않으면 안 된다. 몇 번을 읽어도 도대체 무슨 소리를 하는지 모를 문장은 물론, 몇 번을 읽어야만 비로소 이해가 되는 문장은 수신자의 시간을 헛되이 쓰게 하는 것이다. 읽는 사람은 한번 읽는 것으로 시원스레 정보가 순서에 따라 처리되는(processed) 문장으로 배열된 논문을 좋아한다. 이는 매우 상식적으로 들리나, 앞에서 설명했듯이 행간에서 어딘지 모르게 느끼게 하는 방식이나 완곡한 표현을 좋아하는 전통에 익숙해져 있으면, 자칫하면 이러한 함정에 빠지기 쉽다.

게다가 언어의 문제로서, 일본식 문장을 생각한 후에 영문으로 번역하는 작업을 기계적으로 하게 되면, 일본어로 된 초안을 가지고 있지 않은 사람은 몇 번을 읽어도 전혀 이해할 수 없는 최악의 사태가 발생할 지도 모른다. '이해하기 쉬움' 이라는 것은 수신자의 시간에 대해서도 철저하게 서비스한다는 자세이므로, 언제나 유의하지 않으면 안 되는 중요한 사항이다.

2.5 신용(信用)의 확보

2.1절에서 우리들은 스트레스로 시달리는, 타인의 마음에 신경 쓸 여유도 관용도 없는 현대사회에 살고 있다는 사실을 다시 한번 환기시켰다. 그렇기 때문에 더더욱 앞에서 설명했던 시간 절약에 유의하지 않으면 안 된다. 나아

가 그러한 환경에 있다는 것은 사소한 것에도 수신자는 금새 짜증을 낸다는 것이므로, 이를 납득하지 않으면 안 된다. 언뜻 보기에 내용과는 별개의 사소하다고 여겨지는 실수에도 수신자는 너그럽지 않다. 외관만으로 발신자의 실력에 대해 단시간에 판단해 버리는 경우가 많다. 예를 들면 "이런 초보적인 철자에서도 실수하는 사람이 제대로 할 리가 없다. 이런 논문은 읽을 가치조차 없다"라는 등의 것이다. 한방에 저자의 신용(credibility)을 잃어버리는 것이다. 우리들로서는 이러한 사태는 반드시 피하지 않으면 안 된다.

유명하지도 않은 일개 외국인이 내용만으로 승부를 걸 때에는, 외관(外觀)에 의해 거부 당하지 않도록 우선 꼼꼼히 외관을 정비하지 않으면 안 된다. "저는 읽을 가치가 있는 것을 쓰는 사람입니다"라는 신용을 얻는 것이 첫걸음이다. 이것이 신용 확보를 위해 노력해야 하는 이유다. 따라서 외관을 정비하는 것은 소홀히 해도 되는 것이기는커녕 신용을 확보하는 중요한 수단이 된다.

외관을 정비한다는 것을 구체적으로 말하자면, 논문의 경우에는 철자, 대문자 · 소문자의 구별 (capitalization), 구두점(punctuation), 문법 등을 생각할 수 있으며, 이 외에 각 전문 분야의 논문 투고요령 (원고 작성 요령: style manual)에 따른 체재의 문제 등이 있다. 구두발표에서는 발표할 때의 태도, 시선, 표정, 발음 방법, 등등이 있다. 모두 나중에 설명하겠다. 여기에서는 우선 의식의 문제로서, 언뜻 보기에 사소해 보이는 이런 것들도 신용 확보를 위해서는 반드시 필요하다는 점을 강조해 둔다.

3. 정 리

"머리말" 에서 이 책의 목적과 방침, 대상이 되는 독자 등을 "맨 먼저" 설명했다. 독자의 시간절약을 실천한 셈이다. 이 책을 손에 든 의도에 부합되지 않으면 "머리말" 만으로 책을 덮어 버리면 그만이다.

다음으로 이 "이해 편" 에서는 원고를 쓰기 전 마음가짐으로써, 수신자를 위해 철저히 노력하는 태도의 중요성을 설명했다. 이것은 상식으로는 생각할 수 있으나, 사실은 문화적 배경에 뿌리내린 가치관에서 유래된 부분이기 때문에, 머리에서 이해하는 것은 쉬워도 실행하는 것은 매우 어렵다는 것을 설명했다. 하지만 의식은 실행의 첫걸음이다.

나아가 수신자를 위해 철저히 최선을 다하기 위한 구체적 대책을 설명했다. 그것은 "자신이 하고 싶은 말을 맨 먼저 확실히 전달한다"인 것이다. 생각을 미리 정리해서 쉽게 이해할 수 있는 문장을 작성하고, 영어 형의 구조로 만들어 수신자의 시간 낭비나 짜증을 방지한다.

더불어 내용만으로 승부하는 유명하지 않은 사람에게는 신용의 확보가 필요하다. 이를 위해서는 외관을 정비하는 것도 중요하다고 설명했다. 일견 사소하게 보일 수 있는 문제라도 결코 소홀히 할 수 없다.

여기서 설명한 기본 자세를 잊어 버리지 않으면, 우선 큰 실패를 할 일은 없다. 처음부터 수신자가 상대도 해주지 않거나 도중에 거부하는 일도 없을 것이다. (물론 내용이 볼품 없다면 보증하는데 한계가 있으나.)

다음에는 드디어 "논문 편", "구두발표 편"의 순으로 구체적인 규칙(rule)과 방책에 대한 이야기를 해나가겠으나, 어떠한 경우라도 이 기본자세를 염두에 두면서 읽어 주길 바란다.

II. 논문편

1. 처음에

이 편에서는 논문, 즉 "쓰기"에 초점을 맞춘다. 이 책은 영어에 의한 이공계 학술논문의 작성법을 다루나, 전편에서 설명한대로 "이공계"라는 데에 특별히 구애되지는 않는다. "학술"이라는 점에서 소설과 에세이가 아닌, 학술적 문서라는 정도로 구애될 뿐이다. 하지만 "**영어에 따른**" 작성법이라는 데에는 대단히 구애된다.

보통 일본인은 일본어로도 논문 작성법이라는 것을 제대로 교육 받은 바가 드물 것이다. 초, 중, 고등학교를 거쳐 독서감상문 같은 "작문" 밖에 쓴 적이 없는 사람들이 갑작스레 영어에 따른 학술논문을 쓰려는 자체가 무리한 일이다.

그렇지만, 여기 좋은 소식이 하나 있다. 영어에는 학술 문서의 작성법이라고 불릴만한 것이 존재한다는 것이다. 일본어 논문처럼 그저 막연히 있는 것이 아니라, 확고한 규칙(rule)이 있다. 따라서 그 작성법과 규칙을 지키기만 하면, 매뉴얼에 따라 소프트웨어를 사용하는 것처럼 영어논문도 쓸 수 있게 되는 것이다.

이 규칙이라는 것은 배우지 않으면 당연히 터득할 수가 없다. 따라서 예를 들어 미국인이기 때문에 태어나면서부터 이 규칙을 알고 있고 그것을 자유자재로 쓸 수 있는 것이 결코 아니라, 미국인들도 초등학교부터 하나하나씩 그 규칙을 배워 나가는 것이다. 탐색-조사(research) 방법(예를 들면 자료의 수집과 정리)부터 시작해서, 그 보고서(report)를 정리하는 방법과 작성하는 방법 등을 중, 고등학교에서 계속해서 배운다. 대학 1학년생이 되면, 어떤 전공의 학생도 "Freshman English"라고 불리는 과목을 통해 철저하게 지도를 받아 "학술적 글쓰기 법(academic writing)"을 총 정리한다. 원어민도 훈련을 받은 결과로서 영어논문을 쓸 수 있게 되는 것이다.

따라서 원어민이 아닌 독자도 자신감을 가지고 이 규칙을 부지런히 익히면 된다. 본편에서는 7장에 걸쳐서 여기서 설명했던 의미의 규칙을 다루겠다. "이해편"에서 설명한, 주로 구성과 얽혀있는 것이 이것이며, 이 책에서 특히 강조하는 부분이기도 하다. 구체적으로 말하자면 문단의 개념, 구성 방법, 일관성, 명확성 등이다.

그런 본론에 들어가기 전에 우선, 논문 작성 과정(process)을 설명해 주고 싶다 (제2장). 일본어로 논문을 작성할 때와 같은 경우와, 작성 및 생각하는 법을 바꾸지 않으면 안 되는 경우가 있다는 것을 확실해 해두고자 한다.

다음으로 구체적으로 여러 문제에 관한 검토에 들어가는데, 그 검토의 재료로서 제3장에서는 일본인이 쓴 논문의 일부를 예문으로 들었다.

우선 하나하나의 문장 수준(level) 내에 한정된 국지적인(local) 문제를 살펴본다. 문법에 관한 문제(제4장)와 구두점(punctuation)과 대문자(capitalization)와 같은 "외관(外觀)"의 문제(제5장)이다.

제6장에서는 학술 논문의 특징 및 그에 걸맞은 문체(style)를 정리해 두었다. 표절(plagiarism)에 대한 주의 등, 조금은 긴장하지 않으면 안 되는 이야기도 나온다. 주로 감각의 차이(gap)에서 발생하는 문제에 대해 경고할 작정이다.

제7장에서는 이 편의 하일라이트에 들어간다. 문장 수준을 넘어선 종합적인(global) 문제, 즉, 이미 설명한 구성에 관한 문제이다. 우선 영어 문단에 대한 지식을 배우고(제7장), 예문을 문단의 개념에 근거해 검토하여(제8장), 거기에 개선을 시도한다(제9장). 제10장에서는 실제로 원어민이 쓴 논문과 일본어 형식의 영어논문을 비교 검토한다.

마지막으로 배운 것을 습득해서 실제로 실행에 옮기기 위해서는 어떻게 하면 좋은지, 그것을 위한 방책(strategy)를 제안하고 있다(제11장).

2. 논문 작성 과정

여기에서는 머리 속에 있던 것이 실제 영문으로 된 최종 원고까지 되는 과정(process)을 검토해 보자.

2.1 **영어인가 일본어인가**?

써야 할 일련(一連) 의 내용과 재료는 이미 갖추어져 있다고 전제한다면, 다음은 드디어 "쓰기"라는 작업으로 들어간다. 이 때에, 불쑥 영어로 쓸 것인가, 일본어로 써서 영어로 옮겨 적을 것인가 하는 문제가 있다. 흔히들 말하는 것처럼, 영어로 "생각하고" 영어로 "쓰는" 것이 이상적이라는 것은 누가 뭐래도 틀림없다. 가능한 한 이러한 이상을 추구하고 싶다.

그 반대편 극에 있는 일본어로 "생각하고" 일본어로 "쓴" 것을 번역해서 영어로 "쓰는" 것은 절대로 피하고 싶다. 그 이유는 쓰인 형태까지 일본어로 정착되어 버리면, 아무래도 일본어라고 하는 언어 형태에 얽매이게 되기 때문이다. 어휘에서도 일본어와 영어에 일대일(一對一) 대응(one-to-one correspondence)이 있을 것 같은 생각을 하게 되고, 구문에서도 일본어의 틀에서만 생각하게 되어, 수많은 문법적 과오를 범하거나 부자연스런 영어 문장을 쓰고 만다.

물론 "이해 편"에서 썼듯이 구성도 일본풍이 된다는 것은 두말할 필요가 없다. 일단 써버리고 나면 정착률이 좋아지는 만큼, 일본 문장에 얽매이게 되는 확률도 올라가게 된다. 상당한 고급 실력자라도 프로 번역가가 아닌 이상, 일본 문장을 봐 버리면 거기에서 벗어나기는 어렵다.

따라서 현단계에서 이상을 추구할 수 없는 사람은 전술한 두 가지 방법의 중간을 걸을 수 밖에 없다. 즉, **일본어로 "생각하고", 영어로 "쓰는" 방법이다**. 하지만, 이 경우에도 "생각하는" 단계에서는 언어, 즉, 일본어라는 형태를 의식하지 않고 가능한 한 "아이디어"라고 하는 중립적(neutral) 형태 그대로 두는 것이 바람직하다. 일본어의 어떤 구문이나 문장이 떠오르면, 이미 그에 얽매여서 벗어날 수 없게 된다. 가능한 한 "생각"인 형태로 두면, 서서히 영어로 "생각하는" 단계로 이동할 수 있게 될 것이다.

일본어의 어휘와 문장이 아무래도 머리 속에 떠오르는 사람도, 영어와 일본어는 전문용어 등의 특수한 경우를 제외하고는 일대일 대응이 안 된다는 것을 명심하여, 부분부분의 위치만을 바꾸는 것이 아니라 넓은 시야를 가지고 일본어를 영어로 고치는 노력을 해 주길 바란다.

2.2 "쓰는" 작업의 의미

우선 "생각"을 문자로 바꾸는 "쓰는" 작업을 어떻게 할 것인가에는 개인적 기호나 스타일(style: 취향, 습관)이라는 것이 있을 것이다. 워드프로세서를 사용하여 쓰기 쉬운 부분과 생각난 부분을 술술 써나가는 사람도 있을 것이고, 우선 카드 등을 이용해 최소단위의 글을 써 모으고 그 후에 다시 한번 종이나 워드프로세스로 옮겨 쓰는 사람도 있을 것이다. 또한 서론부터 순서를 밟아 써나가지 않으면 아무래도 기분이 편치 않는 완고한 사람도 있을 것이다. 이 책을 손에 든 독자는 각자 자신만의 작성법이 이미 확립되어 있는 사람들이라고 생각하기 때문에, 여기에서는 그 옳고 그름은 논하지 않겠다.

그러나 어떤 방법이든 간에, 이 단계에서 쓴 것은 '머리에 떠오른 것을 기록한 것에 지나지 않는다' 하고 스스로 생각을 다잡지 않으면 안 된다. 이 단계에서 "쓰는" 작업은 자신이 무엇을 말하고 싶은가를 명확히 하고, "쓰는" 작업을 통해 머리를 자극하고 더 좋은 아이디어를 낳게 하여, 더욱 객관적으로 자신의 아이디어를 바라보기 위한 제1단계라고 생각하지 않으면 안 된다.

이러한 마음가짐이 결여되어 있으면, "이해 편"에서 설명했듯이 일본풍의

에세이 문체가 얼굴을 내밀게 되어, 분명히 영어로 쓰여 있으나 전혀 이해할 수 없는 문장의 나열이라는 최악의 사태에 빠지게 된다.

2.3 수정(Revision)

앞서 설명한 단계에서 저술된 것을 초고(草稿: first draft: 제1원고)라고 부르자. 이 경우 원고라는 것은 어느 정도 정리된 단위라는 뜻으로, 반드시 처음부터 끝까지 완성된 원고라는 의미는 아니다. 초고는 우선 자신의 아이디어를 문자의 형태로 바꾼 것이며, 비판을 위한 시안(試案)의 역할을 맡는다. 머리에 떠오른 것을 단지 줄줄 써 내려간 것일 경우도 있다. 평범한 사람들이 한번에 완성품을 쓸 수는 없으니, 초고라는 점에서 이 정도면 괜찮다.

그렇지만 지금부터가 중요하다. 특히 일본어로 "생각하고" 있는 경우에는, 이 단계에서 전편에 설명한 마음가짐을 떠올려 일본어 식의 사고에 빠져 있지는 않나를 엄격히 주시할 필요가 있다. 아이디어를 다시 정리하든가, 삭제하든가, 제시하는 순서를 바꾼다거나 하는 등의 폭넓은 수정을 가할 각오가 필요하다. 초기 단계에서 자신의 생각이 명확한지 논리의 흐름 등을 확인하고, 읽는 사람이 이해하기 쉬운지 등을 기준으로 총체적(global)으로 문제점을 꼼꼼히 점검해(check) 두지 않으면 나중에 자신이 고생하게 된다.

점검하고 수정을 가하면 제2원고(수정 원고)가 되는 셈이지만, 물론 그것으로 끝나는 것은 아니다. 그 후에도, 국지적인(local) 점, 즉 문법 문제, 어휘 문제, 체재(體裁: format) 문제, 외관 문제 등등, 수정을 거듭한다. 어느 정도 단위로 정리가 되고 구분이 되면, 또 다시 총체적 점검을 행한다. 재차 거듭해 써 나간 것을 하나의 줄기로 단단히 연결하고, '도연초' 문체(style)에 빠지는 것을 스스로 경계하여 더욱 더 좋은 원고를 작성해 나간다. 이런 수정을 거듭 쌓아 최종원고까지 가는 것이 영어논문을 쓰는 데 중요한 과정이다.

"이해 편"에서 설명한 것처럼, 독자의 눈 앞에 나가야 할 것은 어디까지나 최종 작품(final product)인 원고이다. 글 가운데 사고의 도중 경과를 보여서는 안 된다. 영어로 글 쓸 경우에는 "이러한 사고를 통해, 우여곡절 끝에, 이러한 결론에 이르렀습니다." 등의 보고 형식은 어울리지 않는다.

최종 원고(final draft)가 드디어 완성! 이라고 생각해도, 거기서 축배를 드는 것은 아직 이르다. 이것은 영어, 일본어에 관계없이 글을 조금 써봤다는 사람이라면 모두 한결같이 깨닫고 있는 사실로서, 말하자면 원고를 "**묵히는**" 것이 필요한 것이다. 기억에 대해 말하자면, "며칠 후의 자신은 '**타인**' 이 되어 있다" (노구치(野口), 1995, p55)라는 것이므로, 이를 거꾸로 이용하는 것이다. 즉, 잠시 시간을 두고서 원고를 다시 읽어 보면, 이전에는 보이지 않았던 이상한 부분들이 보이게 된다. 때로는 자신이 쓴 것임에도 본인조차 이해할 수 없는 부분이 나오는 경우조차 있다. 물론 완전한 타인(예를 들면 동료 등)을 이용해 부족한 부분 등을 지적 받는다면 그것보다 나은 일은 없다.

덧붙여 말하면, 영어로 쓸 경우에는, 대부분의 사람들이 원어민에게 최종 점검을 받는 과정을 거칠 것이다. 하지만, 절대로 "원어민에게 보였으니 안심이다", "뭔가 이상하다면 지적해 주겠지" 등의 안이한 생각으로 그들에게 기대서는 안 된다. 그들로서도 우선 하고자 하는 말이 이해되지 않으면 고칠 수도 없고, 부족한 부분을 지적하는 것도 뜻대로 되지 않는다. 특히 총체적(global) 사항에 문제가 있으면, 이건 이미 두 손을 들어야 하는 것이다. 원어민이라는 이유로 별 생각 없이 "틀린 곳을 고쳐 주세요"라는 등 부탁을 받는다. 하지만 "노"라고 이야기할 수 없는 일본의 관습을 이해하는 사람일수록 거절하지 못하고 떠맡아, 불쌍하게도 엄청나게 고생하는 처지가 된다. 그런 원어민 지인(知人)들의 한탄을 여기서 대변해 둔다.

그렇다고, 원어민들에게 부탁하지 말라고 하는 말은 절대 아니다. 요점은, 무엇이 영어 논문에서 중요한가를 인식해서, 점검하고 또 점검을 한 후에, 최종 작품인 원고를 그들에게 건네주라는 것이다. 그들이 이해할 수 있다면, 잘못된 점을 많이 지적 받을 수도 있고 좋은 제안을 듣는 것도 가능할 것이다. 결국 자신이 득을 보는 것이다.

그런데 세상에는 양극단의 사람이 있어서, 어지간한 배짱을 가진 사람이 있다면, 지극히 신중하게 걱정하는 사람도 있다. 여기서 후자 타입의 사람에게 한마디. 워드프로세서의 발달로 수정 작업은 매우 쉬워 졌다. 덕분에 예전과 똑같은 재능을 가진 사람도 수정을 반복할 수 있는 힘을 얻어 더욱 나은 논문을 쓸 수 있게 된 것이다. 그렇지만, 이렇게 말하더라도 도를 넘어서서는 안 된다. 간단히 고칠 수 있다고 해서 수정만 계속하고 있으면 한이 없다. 어느 정도 수정을 하다 보면, 더 나은 방향으로는 그 이상 나아갈 수 없는 곳에 이르게 된다. "더욱 좋은 글이 되지 않겠는가, 좀 더 하자" 하는 생각은 중요하지만, 역시 시기라는 것도 있다. 요점을 파악하고 적절한 수정을 일단 행했다면, 체념하는 것도 중요하다. 지나친 생각, 지나친 행동이라는 것도 있는 법이니까.

3. 일본인의 예문(例文)

이제 드디어 영어논문에 대해 구체적인 문제의 검토로 들어가는 셈인데, 그 수단으로서 이공학부 대학원생이 쓴 예문을 사용하기로 한다. 인공이 아닌 생생한 예를 사용하여, 되도록 구체적으로 일본인이 직면하는 제반 문제를 설명하고 싶어서이다. "다른 사람의 행동을 보고 나의 행동을 고치라" 라는 말이 있다. 같은 처지의 사람이 늘 같이 틀리는 부분을 이것저것 객관적으로 검토해 보기 바란다. "붉은 것과 섞이면 빨갛게 된다. 근주자적(近朱者赤) 근묵자흑(近墨者黑: 역자 주)" 라고, 나쁜 예문에 접하는 것을 걱정하는 사람들에게는 좋은 예문도 준비해 두었기 때문에 (10.2 절 참조), 걱정할 필요가 없다는 것을 말해둔다.

도마 위의 잉어가 되는 것은 필자의 한 연구실에 재직하는 학생, K씨가 박사논문으로 쓴 글의 제1장인 서론(Introduction)의 일부이다. 본인의 양해를 얻은 후에 그대로 게재한다. 따라서 인공적으로 그럴 듯하게 잘못된 부분만을 배치한 것이 아니라, 잘된 부분도 있는 이공계 학생의 극히 현실적인 글이라고 생각하면 된다. 이것은 박사논문으로서, 교무과에 제출한 최종 원고는 당연히 아니다. 지도교수에게 "한번 검토해 주십시오" 하고 가져온 단계의 원고이다.

한편, 이것은 이미 철자 검사기(spell checker)를 거쳤다. 철자는 구두점과 대문자와 같이 외관을 정리하는 데에는 중요한 사항이나, 요즘의 현실을 보면, 이공계 영어논문을 쓰려는 사람은 철자 검사기에 접속하기 때문에 철자의 오류는 따지지 않겠다. 다만, 철자도 외관을 정비하고 신용을 얻는 데에 중요한 점이라는 것을 인식하고, 반드시 철자 검사기를 거쳐야 한다는 주의를 환기시키는 것으로 마무리한다.

단지 한가지 덧붙인다면, 철자 검사기도 만능은 아니라는 것이다. 예를 들면, 키보드의 키 배열상 "of" 와 자주 바뀌는 "od" 는 대부분의 사전에 올라 있기 때문에 지적(check)되지 않는다. 또한 당연한 것이지만, "their" 로 적을 곳을 "there" 로 적어도 고쳐주지 않는다. 그 외에 일본인이 자주 틀리는 "l" 과 "r" 에 대해서도, 이 두 개가 바뀌어도 존재하는 단어는 얼마든지 있기 때문에 주의해야 한다. 마지막에는 역시, 손수 점검할 각오를 해야 한다.

수 정 전

1.1 Overview

In this chapter we will present the purpose of this thesis and the background of this study. Next, the organization of thesis is presented.

1.2 Purpose of This Study

¶ 1 ① This study will develop a human based two legs robot which simulate human movements. ② We use this robot to evaluate a comparison of the position and the force control of the robot to simulate human pedaling movements. ③ A series of experiments will evaluate the validity of the both control methods to follow a human pedaling movements. ④ So as to proof the theory, we control the robot so as to pedal a bicycle at a desired angular velocity of the crank pedal.

¶ 2 ① The robot has two legs with two joints respectively, and the joints were actuated by pneumatic artificial muscles (Rubbertuator). ② Rubbertuators are McKiben type pneumatic rubber actuators which developed by Bridgestone Corporation [Bridgestone 1989a]. ③ One of the most important characteristics of the actuators is the unique design for applying a compliance control. ④ The actuator have a spring characteristics of its structure. ⑤ The robot controller is also constructed to control internal air pressures of the actuators directly.

¶ 3 We notice that a human pedaling movement on a bicycle contains two aspects about control methods when we realize same movements by a machine. The one is position control and the other is force control.

¶ 4 Usually, we do not care the correct position when we pedal a crank pedal of a bicycle. However position controlled manipulators need a series of correct positions along the trajectory. In recent years, many industrial robots have this method [Fu 1987].

¶ 5 Force control is a state-of-the-art technology about control on an interactions between objects and robot manipulator [Paul 1981].

1.3 Organization of This Thesis

Chapter Two presents about human pedaling movements and force control. Some examples of experiments about human pedaling action are presented; physiological and biomechanical views of point are presented. An idea to realize the movements by means of robot is presented. (이하 생략)

4. 문법 문제

자, 이 예문을 읽으면서 어떤 문제점을 얼마나 찾아낼 수 있는가? 우선 문제점이 문장 안에 있고 그 범위 내에서 해결되는 국지적인 문제, 그 중에서도 문법 문제부터 검토를 시작해보자.

4.1 관사(冠詞: article)와 수(數: number)

4.1.1 의식(意識)의 문제

마크 피터센은 베스트셀러가 된 '일본인의 영어' (1988) 중에서 "일본인의 영어 실수 중에 의지(意志) 전달(傳達)에서 큰 장애라고 생각되는 것 (밑줄 저자)" 의 첫머리에 "관사와 수. a, the, 복수, 단수 등에 대한 의식의 문제 (밑줄 저자)"를 들고 있다. 일본어와 영어에 통달한 원어민이라는 이유로, 개인적으로 알지는 못하지만 일본인에게서 "한번 봐주세요." 하는 부탁을 받은 일이 많은 것 같은 피터센씨의 한탄, 당연한 것이다. K씨의 논문에서 첫 번째로 나오는 실수가 바로 이것이다.

3행의 thesis 부분을 보자. 물론 thesis 자체에 문제는 없다. 문제는 관사에 있다고 생각하는 사람은 "의식이 높다"라는 점에서 매우 유망하다. 여기서 말하는 thesis라는 것은 당연히 K씨가 작성한 이 석사논문을 일컫기 때문에, the thesis 라고 정관사를 넣지 않으면 안 된다.

여기서 다시 한번 학교에서 공부한 영어의 관사에 대해 떠올려 보자. 그러고 보니 어쩌고 저쩌고 그랬지, 아무튼 복잡해서 두손들었던 기억밖에 떠올리지 못하는 사람도 많을 거라 생각된다. 확실히 관사의 문제는 복잡하다. 관사만을 놓고 본다면 사실 그렇게 어려운 것은 아니다. 또한 하나의 규칙으로 모든 경우에 사용할 수 있는 것도 아니다. 관사는 명사와 함께 생각하지 않으면 안 되는 것이므로, 그 명사를 고려할 때에는, 일본어 사용이 익숙한 사람은 전혀 안중에 없던 요소를 의식하지 않으면 안되기 때문에 문제가 되는 것이다.

그 요소는, 각 명사에 관해

(1) 특정한가 아닌가?

(2) 셀 수 있는가 없는가?

(3) 단수인가 아닌가?

이다. 일본어에서는 예를 들어 "책"이라고 하면 그만인 이 "책"은 '오직 하나인 이것!' 이라고 특정할 수 있는가, 분명한 형태를 가지고 정리되어 셀 수 있는 것인가, 책은 단지 한 권인가, 등과 같이 하나하나 따지지 않는다. 물론 의식적으로 그러한 관점에서 따져 들어가는 것은 가능하지만, 하려고 생각도 하지 않으며 할 필요도 없다.

그러나, 영어에서는 유감스럽게도 그렇지 않다. 이것들을 하나하나 따지지 않는다면, 관사가 필요한지를 결정하는 것과, a로 할지 the로 할지 등을 결정할 수 없다. "에잇, 귀찮아 죽겠다. 그런 잡다한 것은 무시! 무시! 나는 어차피 원어민도 아니니 양해해 주세요"라는 태도가 가장 곤란하다.

여기서 "이해 편"에서 반복한 것을 떠올리기 바란다. 중요한 것은 독자가 쉽게 이해할 수 있도록 철저하게 서비스하는 태도이다. 피터센씨도 관사와 수의 문제는 "**의지 전달에서 커다란 장애**"라고 말하고 있지 않은가. 관사와 수를 잡다한 것이라 생각하는 것은 의식이 낮은 증거이다. <u>관사 및 수에 무신경하면, 최대의 과제인 자기가 말하고 싶은 바를 전할 수가 없다.</u> 이것을 마음에 새겨, 우선 관사와 수에 관해서 의식을 높이는 것이 첫걸음이다.

중요하다고 할 수 있는 의식이 높아졌다면, 관사의 사용법을 복습해 보자. 다만, 여기서는 큰 흐름의 요점만을 설명한다. 기본으로서, 이것에서만은 벗어나서는 안 되는 선(line)이다. 너무 이것저것 말함으로써 독자를 주눅들게 해서 포기하게 만든다면 죽도 밥도 안 되는 것이니, 사실 기본노선만 착실히 지켜도 80%는 해결할 수 있다고 생각하기 때문이다.

4.1.2 관사의 의미

당연한 것이지만 의외로 잊고 있었던 것이, 관사에는 의미가 있다는 것이다. 의미가 없다고 생각되기 때문에 경시하고, 잡다한 것이라든가, "액세서리" (피터센, 1988, p. 10)처럼 취급해 버린다.

영어에서 관사로는 "a"와 "ø (zero)"와 "the"가 있다. 두 번째의 ø 관사라는 것은 실제로는 눈에 보이지 않으나, 눈에 보이지 않는 것이 있다라고 확실히 이해하라는 의미에서 편의상 ø 관사(달리 말하면 무관사(無冠詞): 역자 주)라고 부른다. 그러면 각자의 의미를 알아보자.

우선 "a"의 의미인데, 이것은

(1) 불특정(不特定)의
(2) 셀 수 있는 것의(Countable)
(3) 하나의

라는 의미를 가진다. "불특정", "셀 수 있는"이라는 각각의 의미는 후술하겠다. 여기서 보여주고 싶은 것은, 이미 눈치 챘으리라 생각되나, (1), (2), (3)으로 나타낸 부분은 앞 절에서 들었던 3개의 요소에 해당한다는 것이다. 즉, "a"를 사용함으로써 그만큼의 의미를 선언하고 있는 셈이다. 소홀히 할 수 없다는 것을 잘 알게 되었을 것이다. "a"는 단 하나의 문자이나, 이렇게도 중요한 의미를 가지는 것이다.

다음으로 ø 관사는

(1) 불특정의
(2) 셀 수 있는 것의
(3) 두 개 이상의 것의

이라는 "a"의 복수형으로서의 의미와,

(1) 불특정의
(2) 셀 수 없는 것의(uncountable)

라는 가산성에 관해서는 "a"와 대비되는 (즉 불가산의) 의미를 가진다.

The는 어떨까. The는
(1) 특정의

라는 의미만을 가진다. 셀 수 있다든가, 셀 수 없다든가, 몇 개 있는가 하는 것은 상관하지 않는다(역자 주: 특정하기만 하다면, 어떤 경우에도 사용되어야 한다.).

4.1.3 특정성(特定性: specificity)

여기서 "특정(specific)", 혹은 그 반대인 "불특정(unspecific)"에 대해 설명해 본다. "a"가 부정관사(indefinite article), "the"가 정관사(definite article)라고 불리는 것은 물론 "특정성"에 관해서 대비되기 때문이나, 그렇다면 이 "특정성"이라는 것이 무엇인가라는 의문이 생긴다. 일본어에 익숙한 사람에게는 좀처럼 "아아, 그거요..." 하고 딱 떠오르는 느낌이 없어서 곤란하지마는, 평범하게 말하면 "이것!" 이라고 여러 개 중에서 하나를 지정할 수 있는가 없는가 하는 것이다. 오오니시(大西) · 맥베이(1995)의 말을 빌자면 "**단지 하나(복수인 때는 하나의 무리(group))로 지정(指定)할 수 있는가**" 이다.

어떻게 지정할 수 있는가 하는 것은 여러 가지 이유를 생각할 수 있다. 예를 들면 상식적으로 오직 하나라고 모두들 생각하고 있다든가, 상황으로부터 판단하든가, 연상(連想) 게임처럼 당연히 나오는 것이든가, 전후 관계를 보아서라든가 "정해지는 법"은 여러 가지이다. 하지만, 이 책을 손에 들고 있는 독자들은 그것을 따지고 들어 규칙을 찾아내던가 암기할 필요는 없다. 각가지의 상황을 전제로 하는 규칙이라는 것은 종종 무리한 이야기가 될 수도 있다. 따라서 때에 따라서는, 자신은 지정할 수 있다고 판단해도 상대방은 지정할 수 없다고 생각하는 경우도 있다. 이런 경우는 물론 원어민도 실수하는 것이다. 유일하게 외워둬야 할 규칙은 "the"는 단지 하나로 정해진다는 것이다.

K씨의 예문으로 돌아가서 이 점을 생각해 보자. 예문 3행의 thesis에 관해서인데, 관사가 없는 채로 thesis로 되어 있기 때문에 결과적으로, 물론 그 자신은 그런 것을 의식하지 않았겠지만, ø 관사를 사용하고 있는 것이 된다. 즉, "불특정의" 어떤 thesis라도 좋다, 일반 thesis도 좋은 것이 되어 버리는 것이다. 그렇다면 물론 곤란하다. 그 앞에 this thesis라고 적혀 있듯이, 그가 적고 있는 바로 이 논문을 말하고 있는 것이다. 독자가 K씨의 이 논문을 읽고 있는 상황에서도, Overview라는 타이틀로 시작하는 절에 나오는 thesis라는 점에서도, 또한 이미 this thesis라는 것을 설명하고 있다는 점에서도, 이 thesis는 지나칠 정도로 오직 하나를 지정하고 있다. 그럼에도 갑자기, 지정할 수 없는 thesis라고 한다면, 독자로서는 곤란하게 된다. 맞장구를 칠 수 없어서 안절부절못하게 되는 셈이다.

같은 실수를 16행의 'ø Rubbertuators' 에서도 볼 수 있다. 이 Rubbertuators는 15행에서 pneumatic artificial muscles를 rubbertuator라고 부른다는 설명이 있다. 따라서 16행의 Rubbertuators는 이 실험에서 사용된 rubbertuators인 것으로 한정되어 있다. 'The rubbertuators' 가 되지 않으면 안 된다.

4.1.4 가산성(加算性)

다음으로 "셀 수 있는가 없는가", 즉 "가산성"에 관해 생각해보자. 이 문제는 무엇을 "셀 수 있는" 것으로 할 것인지 말 것인지, 영어를 모국어로 하는 사람들의 감각에 달려 있으므로 논리적으로 규칙을 기술하는 것은 어렵다. 일반적으로 형태가 정해지지 않는 애매한 것은 "불가산", 추상적인 것도 "불가산"이라고 설명할 수 있다. 대부분은 이 일반론을 사용할 수 있다. 하지만, "자, 왜 travel은 불가산이면서 trip과 journey는 가산인가"라고 좁혀 들어오면 되받아 치기 궁색하다 (야마구치(山口), 1994에 나와있는 좋은 예). 어느 정도까지

들어가면, 규칙에 의지할 수 없게 되는 것이다.

하지만, 괜찮다. 사전을 찾아보는 방법이 남아있다. 옛날 사전이라면 안되겠지만, 요즘은 영어를 모국어로 하지 않는 사람들을 위해 영영 사전에도, 또한 일본에서 흔히 말하는 영화(英和)사전(일영사전)에도 가산(countable)과 불가산(uncountable)의 표시가 있기 때문에, 모를 경우에는 이걸로 확인하면 그만이다. 게다가 가산/불가산의 양쪽으로 다 사용할 수 있는 명사에는 각자의 용례 등도 표시되어 있기 때문에 크게 참고가 된다. 그렇게 좋은 것이 있는가, 지금 당장 달려가고 싶은 사람들을 위해 여기서 각각 한 권씩 추천해 놓는다.

- 롱맨현대영영사전〈신판〉 (*Longman Dictionary of Contemporary English*-New Edition), 桐原書店
- 지니어스 영화사전 (*Taishukan' s Genius English-Japanese Dictionary*), 大修館書店

가산/불가산 양쪽 다 쓰는 명사라는 이야기가 나왔으나, 이는 극단적으로 말하자면, 어떤 명사라도 셀 수 있다고 인식하면 가산명사(countable)이고, 셀 수 없다고 인식하면 불가산명사(uncountable)가 된다는 것이다. 예를 들면, 버드와이저(Budweiser)의 캐치프레이즈인 "king of beers"의 beers는 맥주라는 것이 보통 액체이기 때문에 한 개, 두 개라고 셀 수는 없지만, 쿠어즈, 미켈로브, 기린, 아사히, 하이네켄 등등의 라이벌 맥주를 하나하나로 생각해서 그 수많은 종류의 맥주 중의 왕이라고 인식하기 때문에 beer도 가산명사로 취급해 복수로 사용하고 있는 셈이다.

거꾸로, 명백히 셀 수 있는 형태를 가지고 있지만 불가산명사로 취급하는 경우도 있다. 피터센(1988)이 든 예, chicken을 생각해보자. 셀 수 없는 chicken이라는 것이 도대체 무엇인가? "형태를 가지지 않는 애매모호한" chicken이라는 것은? 정답은 닭꼬치의 닭, 쯔쿠네(역자 주: 닭살을 둥글게 뭉쳐서 만든 음식)의 닭, 켄터키 후라이드의 닭 등등이다. 즉, 한 마리의 닭이 나뉘어져 식용으로 공급되는 것이 그것이다. 영어에서 a chicken이라고 하면 농

가의 마당에서 꼬끼오 소리를 내며 뛰어 다니는 이미지를 떠올리게 되고 (물론 죽어서 거꾸로 매달아 놓은 불쌍한 놈들도 포함되지만), ø chicken이라고 하면 음식을 의미하게 된다. 이처럼 "a"가 있고 없는 것은 역시 큰 의미를 지닌다.

덧붙여 말하자면, 좀 전에 예로 든 사전에서 chicken을 찾아 보자. 롱맨에는 가산 명사[C: countable]의 의미로

a common farmyard bird

불가산 명사[U: uncountable]의 의미로

the meat of this bird eaten as food

라고 제대로 설명해 주고 있다. 지니어스에서는 가산명사의 의미로

1. (닭의) 병아리

2. ((미국)) 닭

이라고 되어 있으며, 불가산명사의 의미로

닭고기

라고 나와 있다. 따라서 관사의 의의와 중요성을 확실히 인식만 하고 있다면, 사전에 의지해 실수를 방지하는 것이 충분히 가능한 셈이다.

전술한 것처럼 가산/불가산의 구별은 궁극적으로 어떻게 인식하느냐에 달려 있다. 하지만, 학술논문의 문맥에서는 통상적으로 불가산명사로 취급하는 것이 있다. 다만, 닮은 의미라도 불가산명사로 취급하는 것도 있기 때문에 주의할 필요가 있다. 실제 자주 보는, 틀리기 쉬운 단어를 이하의 표 II-1 에 정리했으므로 참고하기 바란다.

표 II-1 틀리기 쉬운 가산/불가산 명사

불가산	가산
advice	appliance
assistance (조력)	bibliography(참고 문헌)
(in)dependence	device
encouragement	discussion
equipment	instrument
help	machine
information	paper(논문)
knowledge	reference (참고문헌)
literature(문헌)	suggestion
machinery	

4.1.5 K씨의 잘못

K씨의 예문에서, 불가산 명사임에도 가산 명사로 취급한 것으로는 19행의 'a compliance control' 이 있다. Control은 "제어"라는 의미로는 불가산 명사이다. 따라서 여기서는 "a"는 쓸 수가 없고, ø 관사를 쓰지 않으면 안 된다.

다음으로 다시 3행째의 ø thesis의 실수로 돌아가 보자. 여기서 thesis는 복수형도 아니므로, ø 관사를 "사용하고 있는" 것은 독자 입장에서는 thesis를 또한 (그는 그렇게 생각하고 있지 않겠지만) 불가산명사로 취급하고 있는 것처럼 간주된다. 이것은 당연히 하나의 논문, 2개의 논문이라고 분명히 셀 수 있는 것인데도 도대체 어떠한 의미인가? "도대체 의미를 모르는" 것이 되는 것이다. 독자는 또 안절부절못하게 될 것이다.

현실적인 문제로서 thesis와 같이 가산 취급할 수 있는 명사가 까놓은 채로, 즉 "a"도 없이, 「the」도 없이, 복수 형태도 아닌 상태로 존재하는 것은 이상하다라고 우선 생각해야 한다. 가산/불가산의 심의를 내린 후에 덧붙여, 다시 셀 수 있는 것에 대해서는 하나인가 그 이상인가 하는 것을 따지지 않으면 안 된다. 그러나 일본인은 "수"에 무관심한 사람들이라 결국에는 그러한 작업을 게을리해 버린다. 이런 종류의 실수는 많이 발견된다. K씨는 33행의 'manipulator' 에서도, 38행의 'action' 에서도 이러한 실수를 범하고 있다. (동작(動作)이라는 의미의 가산명사)

"수"와 관련되어 자주 볼 수 있는 실수를 설명하자면, 'one of the Xs' 라는 표현이 있으나, 이것을 자주 'one of the X' 라고 복수형으로 하지 않고서도 아무렇지 않은 얼굴을 하고 있는 사람을 보게 된다. 분명히 'one' 이라고 하고 있기 때문에 셀 수 있는 것으로 취급하고 있는 셈이라서, one를 끄집어낸 모(母)집단은 당연히 복수의 X들로 이루어져 있다. K씨는 다행이 'one of the most important characteristics (18행)' 라고 복수형으로 해 놓아 위기를 피하고 있다.

하나인지 혹은 그 이상인지에 대해 무관심한 것은 28행의 'a crank pedal' 이라고 되어 있는 곳에서도 나타나고 있다. "a"라고 되어 있으므로 페달이 한 개라고 독자들에게 전달되어 버린다. 이것은 평범한 자전거에 대해 말하고 있는(그 증거로서 "a" bicycle 이라고 하고 있다.) 셈이므로 페달은 2개이다. 'crank pedals' 라고 하지 않으면 이상하다.

게다가 6행의 'two legs' 를 보자. 이것은 일견 복수에 신경을 쓴 듯이 보이지만, 실제로는 좋지 않다. 여기는 robot을 수식하는 역할을 하지 않으면 안되기 때문에 'a two-leg robot' 으로 하든가 'a two-legged robot' 등으로 한다. 이들 두 개의 잘못은 그래도 이해의 용이성이라는 관점에서는 죄가 가볍다고 할 수 있을지도 모르겠다.

그런데 "수"의 경우에는 이걸로 수정이 가능하나, "특정성"의 경우는 어떨까? "불특정"한 2개로 좋을 것인가. 그렇지 않다. 보통 자전거에 붙어 있는 페달은 2개(한 짝)로, 2개밖에 없다. 우리의 상식적인 지식에서 특정되어 버리는 것이다. 따라서 여기서는 "the"가 맞다. K씨가 그러한 깊은 인식에 근거하여 13행에서 'the crank pedal' 이라고 말하고 있는 것은 아니라는 것이 여기서 드러나고 말았다(여기서도 단수/복수의 잘못은 보인다.).

K씨는 정말로 "a"의 의미를 알고 있는 것일까? "a"를 단순히 멋 부리기나 액세서리라고 생각하고 있지는 않은가, 하고 의심할 만한 잘못이 다발하고 있다. 11행의 'a human pedaling movements', 20행의 'a spring characteristics', 33행의 'an interactions'가 그것이다. "1개의"라고 말해놓고, 다음에 "2개 이상"이라고 모순되게 말하고 있다. "a"가 가지는 3가지의 의미를 잘 인식하고 있다면 이런 실수는 방지할 수 있다.

좀더 K씨의 관사-수에 관한 잘못을 검토해 보도록 하자. 8행의 'the position and the force control'의 the를 보면, 특정한 'position control'이라든가 'force control'이 있는 것이 아니라 일반적으로 대비되는 두 개의 control을 말하고 있기 때문에 the는 필요 없다.

10~11행의 'the both control methods'는 the와 both의 위치가 문제다. both는 정관사와 소유격 앞에 위치한다. 다만, both 뒤의 the는 생략하는 경우가 많다.

12행의 the theory는 어떠한가? "the"라고 해놓았다면, 독자가 수많은 theories 중에서 '이 theory'라고 지정할 수 있어야 하나 그럴 수 없다. 자신이 읽은 방법에 문제가 있어서 무언가 빠뜨리고 읽었나 하고 다시 한번 위에서 읽어봐도, 역시 이해가 안 된다. 안절부절못하게 된다. 주의하지 않고 대충 관사를 붙여 놓으면 독자에게 이렇게도 폐를 끼치게 된다는 것을 알아주기 바란다. 동시에 언뜻 사소한 실수로 보여도, "이해편"에서 설명했듯이, 독자에게 철저히 최선을 다한다는 태도에 얼마만큼 위배되고 있는지 생각해 보길 바란다.

몇 번이나 말하지만, 의식이 중요하다. 관사(ø를 포함하여)는 단순한 액세서리가 아니다. 중요한 의미를 지니고 있다고 납득하고 있다면 대부분의 실수는 스스로 고치는 것이 가능하다.

4.2 전치사(前置詞) of

4.2.1 혼란의 근원

다음으로 읽는 사람을 곤란하게 하는 하나의 원흉으로 전치사(preposition)의 실수에 대해 검토하고 싶다. 피터센(1988)도 의지 전달의 장해 순위에서 2위로 들고 있다. 왜 독자를 골치 아프게 하느냐면, 전치사의 잘못이라는 것이 그 자리에 있으면 언뜻, 왠지 영어로서 성립하고 있는 것처럼 독자를 착각에 빠지도록 하기 때문이다. 표면으로는 영어의 형태를 갖추고 있다. 그렇지만, 깔끔하게 의미가 통하지 않는다. 독자가 이해 못한 채로 왔다 갔다 하도록 시키게 된다. 관사-수의 문제와 같이 독자에 봉사한다는 기본태도에 위배되는 문제로 다루고 싶다.

전치사라고 하면 수없이 많지만, 여기서는 위에서 이야기한 문제를 일으키는 것으로서 'of' 의 사용방법을 검토하고자 한다. 일본인이 쓴 영문을 읽어 보면 'of' 를 마구 나열해 놓은 것이 많다. 우선 구체적인 예를 보자. 20~21행의 'spring characteristics of its structure' 의 'of' 이다. 영어로 읽어보면 전혀 이해할 수 없지만, 이 부분을 일본어로 고쳐서 of를 "의" 로 바꿔 놓고 보면 K씨가 말하고자 하는 바가 보인다. 그는 필시 "그 구조의 탄력성" 이라는 일본어가 머리에 떠올랐을 것이다. 그리고 "구조의" 의 "의" 를 자동적으로 영어의 'of' 로 변환한 것이라고 생각된다.

이런 류의 잘못을 하는 근원은 영어와 일본어에 일대일 대응이 있다고 착각하는 것이다. 확실히 일본어의 "의" 에 'of' 를 넣으면 상황에 잘 맞을 때도 꽤 있다(역자 주: 한국어도 비슷함). 하지만 그것은 야마구치(山口) (1994)에 의하면 약 60%에 지나지 않는다. 거꾸로 말하면 나머지 40%는 맞지 않다는 것이다. 즉, "의" 의 사용빈도가 너무 높기 때문에 터무니 없는 곳에 여기저기 뿌려놓아, 몇 번이나 읽어보아도 내용이 깔끔히 이해되지 않는 영문이 만들어지게 되는 것이다.

4.2.2 다의성(多義性)을 가진 "의"와 "of"

원래부터가 일본어의 "의"는 다의성을 가진다. "영어의 논문"의 "의"를 예를 들어보자. 이것은 "영어에 관한 논문"의 의미도 있으며, "영어로 쓰여진 논문"이라는 의미도 있다. 전자의 경우에는 a paper <u>on</u> English, 후자의 경우에는 a paper <u>in</u> English가 된다.

일본어의 "의"의 의미를 잘 음미하지 않으면 'of'로 할지, 'on'으로 할지, 'in'으로 할지 결정할 수 없다. 표 II-2에 일본어에서는 모두 "의"이나 'of' 이외에 어떤 전치사가 올 수 있는지 용례를 들어놓았다.

표 II-2 "의"가 될 수 있는 전치사의 예

At	
(소재(所在))	
로봇 손<u>의</u> 카메라	• the camera <u>at</u> the tip of robot
(소속)	
MIT<u>의</u> 부룩스 교수	• Professor Brooks <u>at</u> MIT
Among	
(3개 이상)	
장치(裝置)<u>의</u> 비교	• a comparison <u>among</u> the devices
Between	
(2개)	
장치<u>의</u> 비교	• a comparison <u>between</u> the devices
For	
(이유)	
성공<u>의</u> 이유	• a reason <u>for</u> success
(목적)	
미소(微少) 동작(動作)<u>의</u> 식(式)	• an expression <u>for</u> the differential motion
뉴트 로봇<u>의</u> 좌표축(軸) 계(系)	• coordinate frames <u>for</u> Newt robot
From	
(기원)	
비콘<u>의</u> 빛	• the light <u>from</u> the beacon

In

(소재)

로봇 관절의 균열	• cracks in the robot joint
위치의 오류	• errors in position
(잣대)	
무게의 변경	• a change in weight

On

(소재)

단자의 정(正)전압	• a positive voltage on an electrode
로봇의 더 나은 계산 능력	• increased computing power on the robot
(관한)	
X의 실험	• an experiment on X

To

(대한)

문제의 답	• an answer to the problem

또한 명사에 따라 전치사가 정해진 경우도 있다. 예를 들면 access는 to를 취하기 때문에 "컴퓨터의 엑세스(접속)"는 access to computer가 되고, barrier도 to를 취하기 때문에 "엑세스의 장애"는 a barrier to access라는 형태가 된다.

이 외에 동사에 따라 취하는 전치사가 정해져 있는 경우, 그것을 명사화한 경우에는 같은 전치사가 나타난다. 예를 들면,

X의 응용 application to X (←apply ~ to X)

과학의 홍미 interest in science (← be interested in ~)

등이 그것이다.

영어의 'of' 도 다의성을 가지는 점에서 같은 죄를 진다. 자주 예로 드는 것으로, 'a painting of John' 은 'a painting which was painted by John' 의 의미, 'a painting which portrays John' 의 의미, 'a painting which John possesses' 의 의미가 있다.

이처럼 설령 'of' 를 사용해 표현한 것이 영문 문법에 맞더라도, of는 애매모호해지기 쉬운 단어라고 인식할 필요가 있다.

이 관점으로 보면 K씨의 예문 8행의 'comparison of' 는 'comparison between' 으로 하는 편이 더욱 분명하다고 말할 수 있다.

4.2.3 유연한 대응

그렇다면 "의" 를 'of' 로 바꿔 놓는 것이 곤란한 상황이 되면 어떻게 해야 할까? 'of' 를 대신할 다른 전치사를 찾는다고, 단편적으로 생각하지 않길 바란다. 물론 표 II-2에 든 것과 같이 적절한 전치사로 바꿔놓는 것으로 해결되는 경우도 있다. 하지만, 형용사를 사용하거나 명사를 나열하는 등의 중규모(中規模) 개조나, 전면적으로 구문을 바꾸는 등의 대규모 개조를 시도하지 않으면 안 되는 경우도 있다.

K씨는 나름대로 궁리를 하고 있다. 예를 들면 "2개 발의 로봇" (6행)을 'a robot of two legs' 등으로 하지 않고, 앞서 말했듯이 완전한 성공이라고 말할 수는 없지만 (two-legged robot이라고 해야 한다), of를 피해서 어떻게든 형용사를 사용하기 위해 노력하고 있다.

그런데, spring characteristics of its structure의 of의 이야기로 돌아가 보자. 이 of는 조금 손보는 정도로는 효과가 없다. 여기의 structure와 spring characteristics의 관계를 생각해 보면, 아무래도 "그 구조에서 유래한 부분의 탄력성" 이라고 말하는 것 같다. 그렇다면 characteristics라는 명사를 수식하는 구문도 생각할 수 있다. 예: spring characteristics derived by the structure.

이처럼 of는 의미를 모호하게 하므로, 때때로 독자의 순조로운 이해를 방해하는 원인이 된다. 남용하기 쉬운 만큼, 손쉽게 사용해서 독자에게 부담을 주는 위험성을 상당히 가지고 있다. 단지 2개 문자일 뿐이지만, 잘못 사용했을 때의 영향은 크다. 충분히 자신이 전하고 싶은 것을 생각한 후에 신중하게 사용하고, 다른 표현의 가능성도 추구해 보는 마음가짐이 중요하다.

4.3 자동사와 타동사

4.3.1 의식의 낮음

이 항의 제목으로서 "자동사(自動詞: intransitive verb)"와 "타동사(他動詞: transitive verb)"를 내걸었다. "자동사? 타동사? 그런 것들은 딱딱한 문법서 정도로 끝내주세요" 하는 소리가 들리는 듯하다. 하지만 굳이 여기서 들추어 내는 것은, 일본어에 익숙한 사람들은 이 항목에 대해서도 관사나 수에 못지 않게 정말로 의식이 낮기 때문이다. 게다가, 의식이 낮은 결과로 독자에게 죄를 짓게 되는 실수를 범한다. 구체적으로 말하자면, 하나는 능동태와 수동태를 잘못 사용하게 된다. 두 번째로 동사 다음에 전치사를 취할지 말지를 실수하게 된다. 이는 첫 번째에 비해서는 조금 죄가 가벼우나, 그래도 "외관을 정비하는" 관점에서는 역시 확실히 해 둬야 하는 부분이다.

4.3.2 의식이 낮은 원인

자동사, 타동사가 무엇인지 잊어버린 사람을 위해서 일단 말해 두자면, 자타(自・他)의 구별은 예를 들면 "깨다" 대(對) "깨우다"나, "떨어지다" 대 "떨어뜨리다"로 볼 수 있다. "그러고 보니 학교에서 배운 영문법에서, 목적어를 취하지 않는 것은 자동사, 목적어를 취하는 것은 타동사라고 배웠다"하고 마음에 떠올리는 사람도 있을 것이다.

그렇다면, 이러한 구별은 영문을 쓸 때 왜 필요한 것일까? 거꾸로 왜 일본어(역자 주: 한국어도 마찬가지이지만)를 사용하는 사람의 의식에는 그다지 떠오르는 일이 없는 것일까? 그것은 한마디로 하면, 일본어는 **주어-술어 라는 구조** 안에서 문장을 파악하지 않기 때문이다(토키에다(時枝), 1978)라고 말할 수 있을 것이다. 영어처럼 서술어의 중심이 되는 동사를 주체로 하여 그 동작을 하는 것은 누구인가, 그 행위의 대상은 있는가 없는가, 있다면 그 대상은 무엇인가 하고 "논리적으로" 생각할 필요는 없다. "주객미분화 (主客未分化)" (마쓰이(松井), 1979)의 일본어에 익숙한 머리로는 그러한 영어 식 발상은 힘들다.

게다가, 일본어에서는 주어나 목적어, 그 외의 요소를 생략하는 것이 빈번히 이루어진다. 영어에서는 문법상 주어나 목적어가 없는 문장은 허용되지 않는다. 문맥상 알고 있더라도 생략은 허락되지 않고, 대명사라는 형식으로 주어나 목적어를 표현한다. 하지만 일본어에서는 그러한 경우에 생략하게 된다. 일본어에서는 주어와 목적어가 나타나지 않는 문장이 실로 많고, 그 편이 자연스럽다

이처럼 일본어 환경에서는 주어 · 목적어 등을 분명히 파악해 둘 필요가 없다. 따라서 막상 주어나 목적어를 확실히 의식해야만 되는 영문을 쓰려고 하면, 그 의식이 희박하기 때문에 틀리는 부분이 많게 된다. 그 주어 · 목적어를 확실히 의식해야만 되는 경우의 맨 처음은 수동형이라는 것이다. "하는" 것과 "당하는" 것, 이렇게 확실히 다른 것은 없지 않을까 생각되나, 막상 언어의 문제가 되면 구별하기 힘든 것 같다.

일본어로 생각하고 영어로 바꾸려고 하면, 금새 이러한 문제와 부딪치게 된다. 일본어에는 앞에서 설명한 것처럼, 자동사 · 타동사의 대립이 있는 짝을 이루는(pair) 동사는 매우 한정되어 있다. 일본어로 생각하고 있다면, 동사 그 자체부터 영어 식의 자 · 타의 구별은 불가능해 진다.

그렇다면 조사(助詞: 토씨)에 의지해야지, 라고 생각해서 "이" =주어라고 생각하면 "물이 먹고 싶다", "멜론이 싫다" (물과 멜론은 목적어) 등의 반례(反例)와 마주치게 된다.

"를(을)" = 목적어는 괜찮지만, "를" 이외의 조사도 목적어가 되는 것이 있기 때문에 곤란하다 (예를 들면, "사료는 주지 말아 주십시오.", "야식도 먹었다."). 그 보다 더 나쁜 것은 조사가 자주 생략된다는 것이다. 때문에 조사에는 그다지 의지할 수 없다.

그렇다면, "れる, られる (역자 주: 일본어 뒤에 붙어서 수동형이 되는 표현, '당하다' 는 뜻을 가지고 있음)"가 있으면 수동형이라고 생각하는 것은 어떤가? 이것이 가장 위험하다. 일본어의 "れる, られる"는 수동형뿐만 아니라, 가

능("내일까지는 보낼 수 있다"), 자발 ("절실히 떠오른다"), 겸양("폐하는 쉬고 계십니다")에도 사용되기 때문이다. 게다가 일본어의 수동형은 자동사와 타동사의 구별 없이 만들 수 있다. (예: "비에 내림을 당하다 (역자 주: 일본식 표현의 직역 = 비를 맞다)", 여기서 "내리다"는 자동사). 게다가 헷갈리는 것은 사역(使役)의 "せる, させる" 가 있다. (예: "선배에게 먹게 함을 당하다" = 사역의 수동형; 역자 주: 한글에는 없는 표현이라 일본어를 모르고서는 설명하기 힘듦.)

(역자 주: 이 절의 내용에 해당하는 한글 예로서는, '분류하다-분류되다', '모이다-모으다' 같은 자 · 타 동사 짝; '사람이 모이다-사람을 모으다-사람이 모이게 되다-사람을 모으게 하다' 같은 예(외관상 모두 능동형임)가 유사하게 골치 아픈 예가 아닐는지.)

4.3.3 대처(對處) 방법

"일본인이 자 · 타동사에 의식이 희박하다는 것은 알겠다. 그 이유도 알겠다. 일본어에 의지해 영어를 생각해서는 안 된다는 것도 알겠다. 그럼 어떻게 하면 된다는 것인가?", 초조해 하는 독자도 있을 것이다. 이에 대해서는 "**우선 영어의 동사를 중심**으로 생각할 것. 그 동사가 가지는 의미로부터 필요한 개념, 예를 들면 무엇이 그 행위를 행하는가, 그 행위가 미치는 대상은 있는가, 있다면 그 대상은 무엇인가, 그 행위에 관련된 것은 무엇인가, 그 행위에 필요한 도구와 그 행위가 미치는 장소와...등, 철저히 논리적으로 생각할 것" 라고 답해 두고 싶다. 게다가, 일본어의 동사를 떠올려 의미가 같다는 이유로, 그에 대응하는 영어의 동사는 문법상으로도 일본어와 같이 취급해도(주 · 객을 애매하게 해 두는 것이) 되지 하고 착각해서는 안 된다는 것이다.

자신이 없을 때는 사전을 찾는다. 고맙게도 먼저 소개한 사전(P. 39 참조)에는 단순히 자 · 타동사의 구별뿐만 아니라, 더욱 더 자세히 분류되어 있다. 타동사라면 목적어 뒤에 내용까지, 예를 들면, 목적어 뒤에 전치사구가 온다든가, 직접목적어로서 명사절만을 취한다던가 등의 구문상의 제약에 대한 정보가 실려 있다. 마침 좋은 기회이니 여기서 "롱맨 현대영영사전"에서 자 · 타동사를 포함해 어떤 동사 형(type)이 있는가를 그 "사용 안내서"에서 본서의 목적에 맞추어 다소 생략하고 가필하면서 인용한다.

(1) 목적어와 보어를 취하지 않는다 = 완전 자동사

They all came yesterday

We set off at 7 o' clock.

(2) 명사, 명사구 또는 명사절의 형태로 직접목적어를 취하는 동사=타동사

She rides *a bicycle* to school

We decided to leave

(3) 보어가 되는 명사나 형용사를 취함 = 불완전자동사 (be, become, look, seem 등)

He became *President.*

You look very *tired.*

(4) 부사구나 전치사구를 동반한다.

She lives *abroad.*

Put it *in the box.*

(5) 뒤에 간접목적어와 직접목적어를 동반한다.

Give the *teacher your book.*

(6) 직접목적어로서 명사절만을 취한다.

The court determined *that the man was guilty of assault.*

(7) 진행형으로는 사용할 수 없다.

I hate football

(8) 뒤에 -ing 형태의 동사를 동반하여 사용할 수 있다.

I like *playing* football.

(9) 뒤에 that절을 동반해 사용할 수 있다.

He read *that oil prices were going down*

(10) 뒤에 that절을 동반하나 that은 생략할 수 있다.

He knew ø *he would be late for work.*

(11) 뒤에 wh-(where, why, when) 또는 how로 시작하는 어구를 동반해 사용할 수 있다.

I know *where to go.*

(12) 뒤에 과거분사를 동반해 사용할 수 있다.

She got *trapped.*

(13) 뒤에 to 부정사를 동반해 사용할 수 있다.

I want *to leave early today.*

자동사 · 타동사라는 이분적인 생각으로는 파악할 수 없다는 것을 알게 되었을 것이다. 참고로, "옥스퍼드 현대 영영사전" 에서는 32 항목의 동사 형태를 들고 있다. 이것과 함께 영어 구문에서 동사의 중요성도 인식할 수 있었으리라 생각한다.

4.3.4 K씨의 잘못

이야기를 능동형과 수동형으로 되돌려, 실제 잘못의 예를 K씨의 예문에서 찾아보자. 16행에서 17행에 걸쳐 'rubber actuators which developed by Bridgestone Corporation' 이라는 곳에 그 실수가 보인다. 물론 develop한 것은 (동작의 주인) Bridgestone Corporation이며 develop 된 것은 (피동작의 주인) rubber actuators이다.

여기는 by Bridgestone Corporation이라고 by~가 붙어 있기 때문에, 수동문을 만들 작정이었으나 단순히 "be+과거분사" 의 be 부분을 잊어버린 것뿐이라고 생각할 수 있다. 하지만 앞에서 설명했듯이, 일본인은 동작을 한 것, 동작을 당한 것이라는 관념이 그다지 없기 때문에, 이러한 관계대명사 등이 포함된 조금 복잡한 구문이 되면 분명하게 주 · 객을 파악하는 것이 곤란해지는 것은 아닌지... 필자는 꽤나 의심이 된다.

6.1절에서 해설하겠지만, 수동형은 학술논문에서 많이 사용되는 구문이다. 따라서 수동형을 사용할 기회는 매우 많다. 능동문과 수동문이 잘못되어 버리면 "하는" 쪽과 "당하는" 쪽이 거꾸로 되기 때문에, 말 그대로 주·객 전도가 일어나 버린다. 실수할 기회가 많은 만큼 세심한 주의가 요구된다.

K씨의 이 예문에는 나타나지 않으나, 자동사로 수동문을 만들어 버리는 다음과 같은 예도 종종 볼 수 있다.

∗ It was remained intact.† → It remained intact.

∗ It was appeared to be positive.† → It appeared to be positive.

∗ It was resulted by the high velocity.† → It resulted from the high velocity.

영어의 수동문은 타동사에만 사용할 수 있다는 것을 잊어서는 안 된다. 그래서 그 이전에 사용하려는 동사가 **자동사인지 타동사인지** 확실히 파악하지 않으면 안 된다.

4.3.5 전치사의 유무(有無)

다음으로 자동사, 타동사의 구별이 없기 때문에 범하는 실수의 두 번째, 동사 뒤에 전치사를 넣을 것인가 말 것인가에 관해 생각해보자. 우선 구체적인 예를 K씨의 글에서 보자. 27행의 'care the correct position'과 36행의 'presents about human pedaling movements'가 좋은 예이다. "~에 대해 ~하다"를 일본어로 생각해서 자동사와 타동사의 구별 없이 똑같이 번역하게 되면 이렇게 된다.

care는 자동사로, 그 대상이 있는 경우에는 'care about'와 같이 전치사를 사용하게 된다. 물론 사전을 찾으면 그 정보는 얻을 수 있다. 말이 나온 김에

†: 이하에서 '∗'를 붙인 것은 문법에 맞지 않음을 표시함.

사전을 찾아보면, 그 이외에도 진행형으로는 사용할 수 없다든가, 타동사로서 사용한다면 wh절을 동반한다 (We do not care whether they are in the correct position; We do not care how we pedal the bicycle.) 등의 정보도 얻을 수 있다. Present는 위와 반대의 예로 타동사이기 때문에 about는 필요 없다.

이처럼 헷갈리는 것들이 수없이 많기 때문에, 자신이 없을 경우에는 **사전을 적극적으로 찾는** 것을 권장한다. "뭐야.. 결국 그런 결론이 되는 건가" 하고 생각하는 독자에게 필자로서는 "네, 말씀하신 대로입니다"라고 말하고 싶다. 사전이 의미만을 찾아보기 위해, 철자와 발음을 찾아보기 위해서 필요한 것이라는 것은 옛말이다. 요즘 사전은 독자에게 서비스를 제공하기 위해 글을 쓰는 사람에게는 필요 불가결한 참고서이다.

이렇게 말은 했지만, 자주 보게 되는 잘못에 대해 조금 더 설명해 보자면, discuss는 타동사이다. 따라서 '*discuss about' 이라고는 할 수 없다. 다만, 명사형으로 사용할 경우에는 on 이나 about 을 취한다 (the discussion on/about the topic). 게다가 discuss의 비슷한 말(類義語), argue, debate, deliberate, dispute 등은 자동사와 타동사 양쪽 다 사용 가능하다. investigate나 examine도 그렇지만, 자동사로 사용하려면 그 전치사는 into이다. consider나 inspect는 타동사이다.

resemble도 타동사이다. 따라서 "~와 닮아 있다."라고 생각해 '*resemble to' 라고 해서는 안 된다. 그 외에 "~에 접근하다"의 의미인 approach도 타동사이기 때문에 '*approach to' 는 사용할 수 없다. 다만 명사로서 사용한다면 to를 사용해서 'an approach to geometric modeling' 과 같이 쓸 수 있다.

4.4 품 사

4.4.1 품사의 잘못 쓰임

동사의 이야기와 사전의 이야기가 나온 김에 품사(品詞: parts of speech)의 이야기도 해 두자. 품사가 잘못 쓰이는 것도 자주 보게 되는 실수들 중 하나이다. 이것도 일본어 체계 안에서 영어의 품사를 선택하려는 것에서 오는 문제라고 생각된다. 읽는 쪽에서 보자면 쓴 사람의 명백한 실수(obvious mistake)로 금방 인식할 수 있기 때문에, 해석하면서 읽는 사람에게 시간적인 손해를 크게 입히는 것은 아니다. 하지만, "이해 편"에서 설명했듯이, 읽는 사람의 신뢰를 획득하고 자신의 신용(credibility)을 잃지 않는 관점에서 보자면, 바람직하지 않은 것은 확실하다. "이런 실수를 쉽사리 저지르는 것을 보니 신통치 않은 놈이군" 하고 생각하게 해서는 곤란하다.

K씨는 11~12행의 *So as to proof the theory 부분에서 proof (명사)와 prove (동사)를 잘못 쓰고 있다. 이것은 발음이 비슷해서 나오는 실수라고 추정되나, 이런 단순한 실수로 읽는 사람 눈에 벗어나서는 하찮게 된다.

4.4.2 바꿔 쓰기(Paraphrase)

하나의 단어에서 파생된 갖가지의 품사어, 즉 파생어를 사전에서 꼼꼼히 파악해 두는 것은 이러한 관점에서뿐만 아니라, 바꿔 쓰기(paraphrase)의 능력을 키우기 위해서도 중요하다. 바꿔 쓰기라는 것은 같은 내용을 다르게 말하는 것이다. 어차피 6.4절에서 구체적으로 설명하겠지만, 바꿔 쓰기는 표절(plagiarism)이란 오명을 쓰지 않기 위해서도, 또한 같은 구문의 나열을 피해 논문의 스타일을 세련되게 하기 위해서도 필요 불가결한 기능이다.

여기서 한 예의 바꿔 쓰기를 시도하여 품사끼리의 관계를 검토해 보자. 각자의 단어를 단순히 비슷한 말로 바꾸어 놓는 것이 아니라 (같은 품사), 문장의 구조까지 크게 변환해 버리는 (별도의 품사) 것이 좋은 바꿔 쓰기라고 할 수 있다. 독자 여러분들은 다음의 문장을 몇 가지로 바꿔 쓰기 할 수 있겠는가?

An engineer' s success is often due to perseverance.
(Arnaudet & Barrett, 1984, p. 94에서 manager를 engineer로 바꿈)

가능한 바꿔 쓰기의 예로서 Arnaudet & Barrett 는

(1) An engineer often <u>succeeds</u> because of <u>perseverance</u>
(2) A <u>persevering</u> engineer is often <u>successful.</u>
(3) An engineer who <u>perseveres</u> often <u>succeeds.</u>
(4) <u>Success</u> is often the result of <u>perseverance</u> on the part of an engineer.
(5) If an engineer <u>perseveres</u>, he or she often <u>succeeds</u>
(6) <u>Perseverance</u> often contributes to an engineer' s <u>success</u>

등을 들고 있다. 여기서 succeed 와 persevere를 살펴보면,

동사	succeed	persevere
명사	success	perseverance
형용사	successful	persevering

과 같이 여러 가지 품사를 구사함에 따라, 다른 말로 하자면, 각자의 구문이 요구하는 품사를 사용해 바꿔 쓰기가 가능하다. 파생어를 확실히 숙지하고 있으면 크게 도움이 된다.

4.5 주어와 동사의 일치

4.5.1 삼인칭 단수 현재 (삼 · 단 · 현)

이는 중학교와 고등학교에서 귀에 못이 박힐 정도로 많이 들은 이야기일거

라 생각되지만, 영어의 주어는 수(단수인가 복수인가)와 인칭(일인칭인가 이인칭인가 삼인칭인가)이라는 점에서 동사와 대응하고 있다. be동사는 am이 되거나 are가 되거나 is가 된다. do도 have도 가려서 사용할 필요가 있다. 「삼 · 단 · 현」이라는 익숙한 단어도 떠오르게 될 것이다. 물론 이것은 주어가 삼인칭에, 단수에, 현재형인 경우에는 동사에 '-s' 가 붙는다는 의미이다. 머리에서는 알고 있어도 실행할 수 없는 항목의 첫 번째가 이것이다.

물론 이는 관사의 문제 등과는 다르게 가령 삼인칭 · 단수 · 현재의 주어에 대응하는 동사의 -s가 빠졌다고 해서 이해를 할 수 없는 것은 아니다. 그런 점에서는 용서를 받는다. 하지만, 역시 외관을 정비한다는 점에서 이러한 문법 사항을 꼼꼼히 정리하지 않으면 안 된다.

자동사 · 타동사의 항에서 설명한 것처럼, 일본어에서는 주어를 의식하지 않는다는 것에 덧붙여, 또 수의 개념도 들어가니 틀리기 쉬운 건 당연할 것이다. K씨도 역시 그러고 있다. 7행의 simulate는 주어 (이 경우는 선행사)가 'a human based two-leg robot' 이기 때문에 예의 "삼 · 단 · 현"을 떠올려 simulates로 하지 않으면 안 된다. 게다가 20행의 have는 the actuator에 대응하고 있기 때문에 have가 아니라 has가 되지 않으면 안 된다. (그런데 이 actuator는 문맥상 복수라야 하지만)

주어가 여러 가지 형태로 수식(꾸밈)을 받아 길어져서 동사로부터 떨어져 있는 경우에는, 특히 주어에 대한 의식이 희박해지기 때문에 주의해야 한다. 복수형의 명사가 동사에 근접해 있기 때문에 결국 거기에 맞추어 -s를 빠뜨리고 만다. Each of the Xs, none of the Xs라는 표현의 경우와 같다. K씨는 이러한 덫에 걸리지 않고 18~19행째의 one of the most important characteristics of the actuators의 부분에서는 is 라고 빈틈없이 단수로 받고 있다.

4.5.2 연결된 명사

명사가 여러 가지 형태로 연결된 경우, 어디에 있는 명사와 일치시키면 좋을지 헷갈리는 경우가 몇 가지 있다. 'and' 로 연결된 경우는 복수가 된다는 것은 납득할 수 있지만, 조금 귀찮은 경우도 있기 때문에 아래에 정리해 둔다.

A as well as/in addition to/along with/together with B: A와 일치
The payload as well as the robot links was taken into consideration.

이들 구문은 의미상 and와 닮아 있기 때문에 전체로 생각해 복수가 된다고 생각되겠지만 그렇지 않고 A와 일치 시킨다. 한편,

- not only A but also B: B와 일치
  Not only the robot links but also the payload was considered

와 같이 되기 때문에 주의해야 한다. 덧붙여,

- (either)A or B: B와 일치
  A regulated power source or two AA-size batteries are required
- (neither)A nor B: B와 일치
  Neither the acoustic sensors nor the CCD camera was able to find the obstacle.

즉, 이 세가지는 한쪽이 단수, 다른 쪽이 복수일 경우에도 단순히 동사에 가까운 쪽에 일치시키면 된다는 것이다.

주어와 동사의 일치라는 것은 품사가 잘못 쓰이는 것과 같이 독자가 의미를 이해하는데 결정적인 손상을 주는 것은 아니다. 하지만, 쓰는 사람의 신용을 잃게 한다는 의미에서 이러한 실수는 반드시 피해 주기 바란다. 관사의 문제와는 다르게 이것은 머리로 생각하면 처리할 수 있는 문제이다. 신경 써서 점검하여 이런 실수는 100% 불식해 주기 바란다.

5. 구두점(Punctuation)과 대문자 사용(Capitalization)

Punctuation은 흔히 구두점(句讀点)이라고 번역된다. 이는 일본어의 讀점(,) = 영어의 쉼표(,), 일본어의 句点(.) = 영어의 마침표(.)라고 생각하기 때문일 것이다. 하지만 이것이 실수의 원인이 된다. 그렇게 생각하면 특히 쉼표의 사용법에서 꼴불견 같은 실수를 하게 된다.

일본문에서는 讀点(한글의 쉼표에 해당)의 사용법에 분명한 문법적 규칙이 있는 것은 아니다. 읽기 쉽게 하는 것을 고려한다든가, 감각적으로 이쯤에서 잠깐 자른다든가, 그 정도의 인식으로 의외로 마음 편히 점을 찍는다. 단순히 숨 쉴 곳을 생각해서 찍는 사람조차 있다. 물론 영어의 쉼표에도 일본어의 구두점 같은 의미가 없는 것은 아니다. 그 사람의 취향과 유행에 따라 쉼표를 찍고 찍지 않는 것이 나눠지기도 한다. 하지만 기본적으로 영어에서 쉼표는 문법상 규정되어 있는 것으로 인식해야 하는 것이다. 한 줄기의 규칙에 따르지 않으면 역시 "이 녀석 잘 모르고 있군"이라고 신용을 잃을지도 모른다. 미국에서는 초등학교 1학년 때부터 통신부에 punctuation의 항목이 있을 정도이기 때문에, 영문을 쓸 때에는 조금 더 이 문제에도 신경을 써 주기 바란다.

구두점 부호(punctuation marks)에도 여러 가지 (! ? : ; ' " " - 등)가 있으나, 여기서는 특히 쉼표와 마침표의 구두점에 관해, 나아가 그것과 연동해서 나타나는 대문자 사용 문제에 대해서도 검토한다.

5.1 쉼표

우선 일본어 논문에서 자주 보이는 쉼표의 지나친 사용에 대해 검토하고 싶다. 구문상 쉼표가 요구되는 것은 대충 말하자면 다음 두 가지이다.

(1) 등위(等位) 접속사 앞 (다만, 각 절이 매우 짧을 경우는 생략되는 경우도 있다.)

- A robot work cell is not so well defined, and the programmer must concern herself with termination events.

(2) 종속절이 주절 앞에 올 경우의 종속절 뒤

- Because robots manipulate physical objects, the programs controlling the robot must be synchronized with events external to the computer.

(2)에 대해서는 "전치사처럼 그 단위를 주절의 앞에 놓을 때"라고 크게 잡아 본다면,

- Before moving on to the next instruction, a robot must wait until the termination of the action.

와 같은 전치사구의 뒤와,

- For example, the robot is commanded to pick up a work piece.
- Thus, the operator interface might not resemble a conventional programming language in any way.

와 같이 연결어 뒤에 쉼표가 오는 것도 납득할 수 있다 (다만, also, then, thus 와 같은 짧은 말인 경우에는 생략되는 경우도 있다.).

다음으로 쉼표의 사용법으로서는

(3) 부연설명 내용을 표시하기 위해 구분 지음

- The first movie involving robots, Metropolis, was released in Germany. (동격, 전후에 쉼표)
- Asimov published *I Robot*, which revolves around intelligent

humanoid robots. (관계 대명사의 비제한적 용법)

(4) 3항목 이상의 목록(list)을 구분 짓는 경우에 사용 (목록은 단어든, 구든, 절이든 같은 양식으로 사용함. and 앞에 쉼표는 생략해도 된다.)

- Robotics is the discipline involving the design, manufacture, control, and programming of robots. (명사의 목록)
- We introduce the field of robotics, raise questions about social issues, and look briefly at some application. (동사구의 목록)

이상과 같은 때에는 쉼표가 필요하다고 생각해도 된다. 그렇다면 K씨의 예문에서 구두점에 관한 실수는 28행의 'However' 뒤에 쉼표가 없다는 것뿐이다.

K씨에게는 일본인에게서 자주 보이는 쉼표의 지나친 사용은 없다. 사실은 지나치게 나열하는 실수를 문제 삼고자 했으나, K씨는 이에 대해 합격이다. 쉼표를 지나치게 사용하면 보기에 괴롭다. "외관을 정비하는" 데에서 매우 바람직하지 못하다. 이하에서는 안 될 유형의 실수에 대한 예를, 어쩔 수 없이 인공적으로 만들어서 늘어놓아 독자의 주의를 환기시키고자 한다.

[실수의 예]

(1) 두 개의 동사구를 연결하고 있음에도 등위절(等位節)을 연결하고 있는 것으로 착각함 (and가 있으면 어디라도 쉼표를 넣으려고 한다)

- Viking 1 photographed its immediate environment, and monitored the atmospheric condition.

(2) 주어의 뒤 (특히 긴 주어의 뒤에 붙이는 경향이 있다)

- The grasp point on any object to be manipulated, is a knob with four white dots painted on it.

(3) 접속사 뒤에 쉼표를 붙인다.

- Autonomous robots cannot be used to replace people because, they are still in technical infancy.

- The snare is slipped over the grasp point, and, the wires are pulled to tighten the snare around the knob.

(4) that, so~that, such as 등의 뒤

- A wheel suspension system is required to ensure that, the wheels are in contact with the ground at all times.
- The LOGO language has been so well human engineered that, it provides a natural environment for a child' s first programming.
- Robots may be used underground in confined spaces such as, mines, tunnels, sewers, and cable ducts.

(5) than의 앞

- A robot at full stretch has much higher inertia, than when the arm is folded in upon itself.

5.2 마 침 표(Period)

다음으로는 마침표에 대해 검토한다. 다만 여기서는 문장의 끝을 표시하기 위한 기능을 담당하는 마침표에 대해서만 이야기하고자 한다. '문장의 끝이 되면 마침표를 찍는다' 라는 것은 '문장의 단위가 무엇인가를 문법적으로 확실히 파악하지 못하면 마침표를 정확하게 찍을 수 없다' 라는 것이다. 말도 안 되는 곳에 마침표를 사용하는 초보적인 실수를 해서 창피를 당하는 일이 없길 바란다.

이러한 현상이 가장 잘 드러나는 것은 종속절이나 명사절을 독립된 문장으로 간주해버린 경우다. 예를 들면

- A robot produces defects. *Because it is not flexible enough to correct for exceptions.

- A net gain in productivity will benefit society as a whole. *Even if a few people suffer the loss of employment and dignity.
- We have to think through the philosophical basis of our discipline. *Whether we are willing to do so or not.

무엇이 종속절이고 무엇이 명사절인가 하는 점은 문법을 익히지 않으면 알 수 없다. 따라서 원어민 역시 제대로 훈련을 받지 않으면 이런 종류의 실수를 범하게 되므로 이런 실수를 의미하는 sentence fragment (문장 파편)이라고 하는 명칭도 있을 정도이다.

반대로 문장의 구분이 있는데도 계속 연결해버리는 형태의 실수를 run-on sentence (쉼표(comma) 없이 이어지는 문장: 쉼표 없이 계속함)이라든지, comma splice(쉼표로 이어 쓰기: 쉼표 있는 경우)라고 부른다.

- *Hypothesis formulation involves the abstraction of certain elements from the total range of human experience, consequently, the scientific method is only one set of methods for describing human experience.

독립된 문장의 단위라고 하는 것은 주어-동사의 쌍이 한 조(組) 있는 것이다. 여기서는 Hypothesis formulation이 주어, involves가 동사로 한 단위를 형성하고 있다. 따라서 human experience의 뒤는 문장의 끝이기 때문에 쉼표가 아닌 마침표가 되어야 한다. 덧붙여 consequently의 c는 대문자로 써야 한다.

문장의 처음은 대문자로 규정되어 있기 때문에 fragments도 comma splices/run-ons(쉼표로 이어 쓰기/쉼표 없이 이어지는 문장)도 연동해서 대문자 사용에 영향을 미친다. 이 의미로 구두점(punctuation)과 대문자 사용(capitalization)은 표리일체(表裏一體) 관계인 것이다. 문장의 단위는 통합된 의미의 단위 등과 같다고 생각하면 큰일난다. 문장은 뚜렷하게 문법적으로 규정된 단위이다. 쉼표에는 희미하게 있는 자의성도 마침표에는 전혀 없다. 의식해서 점검함으로써, 훈련 받지 않는 사람이나 할만한 초보적인 실수는 반드시 피해야 할 것이다.

(5.1절 또한 5.2절의 예는 *Introduction to Robotics* (McKerrow, 1991)를 기초로 작성했다)

5.3 띄어쓰기(Spacing)

쉼표와 마침표 이야기가 나온 김에 단어(word)와 단어 사이의 띄어쓰기를 얼마나 둘까 하는 것에 대해 조금 다뤄본다. 이것은 본래 타이핑 기술에 관한 것이지만 퍼스널컴퓨터, 워드프로세서의 발달로 인해 손쉽게 타이핑할 수 있게 되었기 때문에 제대로 타이핑 기술을 배우지 않아도 어떻게든 형식은 갖추기 때문에, 글쓰기 법칙을 무시한 '뭔가 이상한' 실수를 보게 되는 경우가 증가했다.

그 대표적인 것이 쉼표와 마침표에 관한 띄어쓰기 실수다. 쉼표 뒤에는 띄어쓰기 한번, 마침표 뒤에는 두 번 띄는 것이 규칙이다. 말이 나온 김에 문단의 시작은 한번 띄어쓰기가 아니라 5-7번 띄어쓰기(탭1회분)한다. 그 밖에 두 개 한 조의 따옴표(quotation mark)의 처음 쪽에는 띄어쓰기가 없고, 세미콜론(;)의 뒤는 한번, 콜론(:), 의문사(?), 감탄사(!)의 뒤에는 각각 두 번이다.

외관을 갖춘다는 점에서 필요한 지식이기 때문에 이러한 문제라도 결코 경시하지 말고 제대로 학습해두길 바란다. 알지 못하면 가당치 않은 부끄러움을 당하게 된다.

6. 학술논문으로서 어울리게 하기

여기서는 학술 논문의 특징과 학술 논문으로서 요구되는 문체(style)라 불리는 것들을 정리해 두고자 한다. 문법과 대문자 사용, 구두점의 문제가 해결되었다고 해도 학술논문으로서 어울리게 하기 위해서는 아직 고려해야 할 점이 산적해 있다.

6.1 학술논문의 특징

"머리말"에서 말한 것과 같이 "이공계 학술논문" 용의 특별한 영어가 있는 것은 아니다. 그러나 학술논문은 문학작품, 대중소설, 수필과는 확연히 선을 그어야 한다는 것은 틀림없다. 학술논문에서는 사람의 정서를 건드리는 것을 목표로 하지 않는다. 그리고 놀라움이나 수수께끼를 해결하는 재미를 추구하는 것도 아니다. 단지 요구되는 것은 명확하고 정확하게 그리고 객관적으로 전달하는 것이다. 따라서 당연한 이야기겠지만 이것들을 바로 최우선으로 삼아야만 할 것이다.

이점에서 구성(organization) 면에서는 "이해 편"에서 반복해서 설명했던 것처럼 "말하고자 하는 바를 맨 처음에"라고 하는 형태(귀납형)가 되는 것이다. "이해 편"에서는 영어 형의 의사전달이 "확실히 말하기, 처음에 말하기"라는 것을 강조했지만, 영어로 그런 식으로 말하려고 쓴 것 중에서도 물론 그 반대 형식(연역형)이나 행간에서 말하고자 하는 바를 독자가 미루어 짐작하게 하는 형식도 있을 것이다. 그러나 학술논문은 그렇지 않다. 전통적 가치관과 함께 학술논문의 목표로 "먼저 말하고자 하는 바를 확실히 말하기"라는 방식이 더욱더 어울리는 구성이 된다.

다음으로는 객관성이라는 점에서 구문의 특징을 말할 수 있다. 이것은 수동문이 많이 사용되는 점이다. 이것은 이미 언급했던 것처럼, 영어에서는 언제나 주어를 의식하지 않으면 안 된다는 점과 관련이 있다. 능동문에서는 저자가 주어가 되는 경우가 많기 때문에 어떻게 해도 I와 We 등의 인칭 대명사의 주어가 되어버리며, 이렇게 되면 객관성이라는 점에 걸리게 된다. 저자 개인을 전면에 두게 되면 주관적으로 바뀌게 되므로, 이공계 학술논문으로서는 피하고 싶은 이유이다. 때문에 피 동작주가 주어가 되는 수동문(물론 'by~'는 생략)이 영어에서는 채용된다. 주어를 표시하지 않아도 되는 일본에서는 이 점에서 사정이 낫다. (하지만 이 때문에 여러 가지 것들이 애매해지는 위험성을 내포하고 있다는 점은 이미 말했다.)

객관성과 연관하여 표현 방법과 어휘의 선택도 다소 제한이 있다. 이것은 영어이기 때문이라든가 아니면 일본어이기 때문이라든가가 아니라, 비유적 표현을 사용하는 것이 이공계 학술논문으로서는 부적절하기 때문이다(예: It was just a drop in the bucket.). 주관이나 가치관을 동반하는 말이나 기준이 모호한 말 (예: good, some, relatively, soon, believe)의 사용은 바람직하지 않다는 점은 일본 상식에 기초해도 납득이 될 것이다.

그러나 다음과 같은 경우 어떻게 될까? 영어에서는 hedging(불확실한, 모호한 표현)이라는 것이 있지만, 이것을 일본식으로 말하자면 불확실하게 표현하기 혹은 어휘를 얼버무리기에 해당한다. 그러나 영어, 특히 학술논문에 있어서 hedging(불확실한 표현)은 나쁜 의미 밖에 없다. 즉 말을 둘러대는 것이 된다. 직설적으로 말하는 것을 싫어하는 일본인은 특히 신경을 써야 하는 점이다.

구체적으로 말하면 예를 들어

(1) It seems that this method is less convenient.
(2) It seems to be possible that his method is less convenient.
(3) It seems to be possible that his method may be less convenient.
(4) It seems to be possible that his method may be less convenient in some cases.

과 같은 표현이 있다. 밑에 선을 표시한 것과 같이 (1)에서 (4)로 갈수록 말을 회피하는 정도가 심해짐이 느껴질 것이다.

영어의 감각에서 보면 hedging(불확실한 표현)을 한다 라고 하는 것은 스스로 자신이 없다는 증거, 말을 얼버무려야 할 정도의 발견이나 보고라면 그렇게 일부러 논문으로 발표하지 말라는 인식이 든다. 한편 일본인은 설령 단정할 수 있는 것이거나 매우 자신이 있는 발견에 대해서도 겸양의 미덕, 혹은 완곡 표현을 좋아하기 때문에 hedging(불확실한 표현)이 많아진다. "이해 편"에서 강조한 것처럼, 감각의 차이에 따른 실수에서는 특히 주의를 요한다.

그럼 영어 학술논문에서는 단정적인 표현만 사용되는가 하고 묻는다면 조금 곤란하다. 이것은 사람의 감각에 따라 다르다. 한편, 필자의 대학원 시절의 지도교수는 seem이라는 표현이 하나라도 들어 있는 논문은 절대로 받아주지 않는 극단적인 감각을 지닌 분이셨다. 반면에 확실히 단정할 수 있는 이는 신(神) 밖에 없으며, 단정하는 것은 불손하다는 일본인의 감각에 가까운 사람도 있다. 이런 이유로 정도의 문제라고 말할 수 밖에 없지만 (라고 말끝을 흐렸지만), 앞서 말한 (2) 이후의 예에서 볼 수 있는 이중(二重), 삼중(三重), 사중(四重)의 말 돌리기는 절대로 피해야 할 것이다.

6.2 형식성 (形式性: Formality)

문장체는 구어체에 비해 저절로 격식(格式) 있는 표현이 되는 것이 사실이다. (젊은 층에는 이런 인식이 별로 없는 것 같지만 전통적으로 그렇다.) 더욱이 "학문"을 다루는 것이 되면 더욱더 딱딱해지고 형식적인 것이 된다. 이것은 동서양 동일한 것이다. 이 딱딱함의 정도를 형식성(formality)이라고 부르지만, 학술논문은 필연적으로 형식성이 높은 글이 된다.

영어는 일본어처럼 경어가 없기 때문에 형식성에 관해서는 민감하지 않을 거라 생각하기 쉽지만, 역시 문장체에서는 그에 걸맞은 표현과 어휘 선택이 있다. K씨의 예문을 들어보면, 27행의 care는 concern으로 하는 쪽이 더 격에 맞는 표현이 된다. 그 외에도 예를 들면

ask vs. inquire

about	vs.	approximately
begin	vs.	commence
do	vs.	perform
get	vs.	obtain
meet	vs.	encounter
think	vs.	consider
use	vs.	employ

처럼 구어체 대 문어체라는 대비를 생각할 수 있으며, 동의어를 선택할 때에도 참고해야만 할 사항인 것이다. 표현 방법도 K씨처럼 'we do not care about~' 로 하면 구어적이지만, '~is of little concern' 으로 하면 조금은 격에 맞는 느낌이 든다. 'don' t' 와 같은 단축형을 사용하면 점점 더 구어적으로 되므로 학술논문에서는 사용해서는 안 된다.

한편, 이와 같이 말하면 "그렇군 딱딱한 어조가 좋은가, 고상하게 무게 있는 척하며 어려운 단어로 표현하는 것이 좋구나" 라고 오해하는 사람이 있다. 일본인은 자칫하면 거만한 척하거나, 어려운 말을 하며 사람을 어지럽히기를 좋아하므로, 염려스럽게도 이렇게 오해한 채 돌진해나가는 사람이 많다. 하지만 결코 그렇지 않다. 일부러 어려운 표현을 사용하라는 것도 아니고, 빙빙 둘러서 표현하며 거만하게 보이라는 것도 아니다. 예를 들어 말하자면, 청바지를 입고 결혼식에 참석하지 말라는 것과 같다. 학술논문에 어울리는 글쓰기 방법으로 하라는 것이다. 어디까지나 독자가 읽기 쉬어야 한다는 것이 최우선임을 잊지 말아야 한다.

위와 반대 양상(pattern)의 오해도 곤란하다. '이해하기 쉽다 = 단순, 치졸' 이라는 방향으로 흐르는 형이다. 이해하기 쉽다는 것과 치졸하다는 것은 혼동해서는 안 된다. '이해하기 쉽다' 와 '유치하다는 것' 이 겹치는 경우도 있지만, 학술논문이 추구하는 것은 어디까지나 읽는 쪽이 이해하기 쉽게 하는 것이지 그 수단이 유치해서는 안 되는 것이다.

예를 들어 다음(Hunt, 1977)을 보자. 같은 정보를 미국 초등학교 4학년생과 프로 잡지기자가 각각 작성한 것이다

초등학생 Aluminum is a metal and it is abundant. It has many uses and it comes from bauxite. Bauxite is an ore and looks like clay.

프로 Aluminum, an abundant metal with many uses, comes from bauxite, a clay-like ore.

말할 필요도 없이 초등학생이 쓴 쪽이 유치하며 프로의 문장이 세련된 문장이다. 그러나 여기서 주목해야 할 것은 완전히 같은 어휘를 사용하면서 한쪽은 치졸한 문장이 되었지만 다른 한쪽은 고상하게 되었다는 점이다. 게다가 (이것이 중요한 점이지만) 프로 쪽이 이해하기 쉽다. 이로써 '이해하기 쉽다'는 것이 '단순하다'와 동일하지 않다는 것을 이해했으리라 생각한다.

6.3 다양성(多樣性)

6.3.1 구문에서 사용하는 도구

여기서 다시 한번 초등학생의 예를 보며 유치한 문장이 된 이유를 생각해보자. 이것은 바로 알 수 있다. 이는 'and'를 빈발하게 사용해서 'and'로 연결된 중문(重文)이 주 원인이다. 일본의 초등학생에게서 자주 볼 수 있는 "그리고~ 그리고~"라고 말하는 패턴과 일치한다.

반면에 프로 쪽의 문장은 일목요연 정리되어 있다. 정리 방식의 솜씨가 좋은 것이다. 'metal'이라고 하는 명사를 중심으로 앞쪽에는 'abundant'로 'metal'을 수식하고, 뒤에는 전치사구 'with many uses'로 'metal'을 수식하

며, 이것을 'aluminum' 과 동격의 형태로 정리하고 있다. 초등학생의 'looks like' 로 된 부분은 'clay-like ore' 처럼 'ore' 를 수식하는 형용사로 사용하고, 이것을 'bauxite' 와 동격으로 놓고 있다.

이로서 분명한 것은 하나의 양식(pattern)만이 아니라 구문에 대해 이런 저런 궁리를 짜내는 것, 즉 구문에서 쓸 수 있는 사용 수단들을 많이 알고 있는 것이 치졸함을 회피할 수 있는 방법인 것이다.

따라서 구문이 다양성(多様性: variety)을 가지게 하는 능력이 중요해진다. 예를 들면, 다음에 열거한 바와 같은 문법에 대한 능력이 있는가 없는가가 어느 정도 세련된 학술논문을 쓸 수 있는가 없는가를 결정하는 수단이 된다.

(1) 단문, 중문, 복문을 각각 구사 가능한가?
(최소단위의 's+v' 의 연결된 방식)
(2) 명사를 수식하는 방법을 능통하게 사용할 수 있는가?
- 명사 뒤에 가지고 오기
  • 관계대명사/관계부사에 의해
  • 동격에 의해
  • 분사에 의해
  • 전치사구에 의해
- 명사 앞에 가지고 오기
  • 형용사에 의해
  • 명사에 의해
  • 전치사구에 의해
  • 's에 의해
  • 분사에 의해

등등 써보자면 끝이 없다. 이른바 문법적 지식 전반에 해당된다. 시험문제에 자주 나오는 바꿔 쓰기 문제는 이 힘을 키우는데 좋은 훈련이 된다. 시험공부

지식이라고 하지만, 크게 도움이 되는 것이다. 품사에 관한 절에서 말했던 (4.4.2항 참조) 바꿔 쓰기는 품사의 지식뿐 아니라 이와 같이 다양한 구문의 사용 능력이 없으면 불가능한 기술이다.

"그런 능력이 있는지 없는지 자신이 없다"라고 하는 사람. 낙담하지 말라. 여기에도 구제 방법이 있다. 머릿속에서 다양한 구문과 구가 선뜻 생각나지 않는 사람도, 원래 부족한 사람도, 꼭 곁에 두고 활용할 좋은 참고서가 있다. 구문과 표현들을 정리해서 이른바 사전처럼 만들어 놓은 것이다. 알파벳 순으로 찾는 대신 기능별로 정리해 놓았으므로 그렇게 찾는다. 기능별이라고 하는 것은, 예를 들면 무언가를 도입할 때, 비교할 때, 의미를 한정할 때 등처럼 용도에 맞게 모아 놓은 것이다. 세 권만 소개해본다.

(1) 崎村(사키무라) 耕二: 영어논문에 잘 쓰는 표현, 創元社, 1991
(2) 小倉(코쿠라) 一浩, 일본과학기술영어연구회編: 과학기술논문 · 보고서에 필요한 영어의 상투적 문구집. 一興企畵, 1987
(3) 宮野(미야노) 晃: 기술영어 쉬운 표현법, 工業調査會, 1993

(1)은 어문계의 과학논문을 쓰는 사람을 대상으로 하고 있지만, 이공계 논문에서도 사용 가능한 것들이 가득 차 있다. 구문 단위(문장)의 표현법도 많이 다루고 있다. (2)는 (1)의 이공계 판으로, 오래되었고 (1)에 비해서 범위도 좁지만, 역시나 구문의 단위를 다루고 있다는 점이 유용하다. (3)은 역시 다소 좁은 단위(구)를 다루고 있어서, 세세한 표현을 찾으려 할 때 편리하다. 이 외에도 더욱더 세세한 부분을 전문 분야별로 모아 놓은 책들도 다수 있다. 한번쯤 큰 서점에 들러 보는 것도 좋다. 가는 김에 이 책의 관련 도서도 둘러보면 이 책의 좋은 라이벌 책도 발견할 수 있을지도 모른다.

이와 같이 우리에게 매우 편리하게, 시간 절약도 되고, 게다가 유효한 것들을 부지런히 모으는 노력을 하고 저술하며 출판을 해주시는 분들이 있는 것은 정말 고마운 일이다. 많이 사용하도록 하자.

그럼 이와 같은 참고서 등을 사용하여 여러 구문을 구사하고, 때로는 짧은, 때로는 다소 긴 (너무 길면 이해하기 곤란해지므로 안 된다) 문장을 가지고, 느슨하고 팽팽하게 강약을 맞춘다. 문장 내의 구조도 단순한 문장으로만 이루어지지 않도록 궁리를 한다. 이러한 의미에서 다양성을 갖게 하는 것은 학술논문으로서 통용하는 스타일로 만들어 내는 데 있어서 중요한 기술이 된다.

6.3.2 K씨의 치졸(稚拙)

여기에 입각하여 K씨의 예를 보도록 하자. 전체적으로는 그럭저럭 완성도가 있어 보인다. 그러나 1.2 Purpose of this study의 제 1문단의 제 4문장 so as to는 2회 같은 구가 사용되어 있는 점이 별로이다. 'so as to~' 는 'to~' 로 충분하다. 고의로 말을 돌리는 말투도 사용하지 않는 편이 좋다. 무엇보다도 같은 어휘를 계속해서 나열하지 않도록 노력하는 것이 매우 중요하다. K씨의 원문을 존중한다면 다소 치졸하지만

> To prove the theory, we control the robot so that it pedals a bicycle at a desired angular velocity of the crank pedals.

이렇게 쓰는 방법(한 쪽은 부정사, 다른 쪽은 that절)도 있다.

다음으로 1.3 Organization of this thesis의 항을 보자. 여기서는 다양성의 관점에서 낙제이다. K씨는 여기까지 오느라 상당히 힘이 부쳤다는 것을 보여준다. Present라는 동사가 모든 문장에서 사용되고 있다. 처음에는 Chapter 2를 주체화한 능동문이었지만, 이하에서는 전부 ~is/are presented 수동문 한 가지 형식이다. 'present' 를 대신할 동의어 동사는 없는지, 하나로 정리 가능한 내용의 것은 없는지 등을 검토해서 치졸함에서 벗어날 수 있는 수단을 생각해보면 좋겠다. 한편 이 부분(1.3 Organization)의 개선안은 이전 부분(1.1 Overview, 1.2 Purpose)과 합쳐서 여러 문제의 해설이 끝나는 시점에서 게재해둔다 (p. 91~94).

마지막으로 한 가지만 더 덧붙이고 싶다. K씨의 예에서는 다행히 없지만, 자주 'and' 와 'but', 'so' 로 시작하는 매우 유치한 문장을 포함하는 논문원고를 접한다. 물론 이런 글쓰기 방법도 프로 작가라면 그 나름대로 요리해서 훌륭한 효과를 발휘할 수 있지만, 초심자가 쓰게 되면 치졸함만이 눈에 띌 뿐이다. 각기 'moreover', 'however', 'therefore' 등으로 바꾸는 것만으로도 구제될 것이다.

6.4 표절

6.4.1 표절의 무서움

감각 차이로 인한 과오가 가장 감당할 수 없는 것이라는 사실은 여러 차례 언급해 왔다. 감각과 가치관, 사물에 대해 생각하는 방식은 역시 문화를 통해 길러지는 것이므로 "장소가 바뀌면 물건도 변한다." 라고 "이해편" 에서 강조한 대로다.

그러면 "자신이 고안해낸 아이디어", 독창성 등을 어떻게 다루는가 하는 방식도 각 문화에 따라 차이가 난다. 일본인의 사고와 영어권 사람들의 사고방식은 이점에서도 차이점을 보여준다. 다른 사람의 반지를 자기 것이라고 한다면 이것은 명백한 도둑질이라는데 이론을 제기할 일본인은 없을 것이다. 그러나 이것이 "머리에서 나온 눈에 보이지 않는 생각" 으로 바뀌게 되면 일본인은 관용적으로 변한다. 이른바 지적 재산권(知的 財産權)이라고 부르는 것이다. 미 · 일 마찰의 요인 중 한 가지가 되고 있는 바로 이것이다.

여기에서 일본인의 사고방식에도 일리가 있다고 하든지 영어권의 사고방식이 한층 진보적이라는 등의 의론을 할 생각은 털끝만큼도 없다. 일본인보다 훨씬 관용적인 문화권의 사람들을 끄집어내서 "이것 좀 봐! 일본인만 그러는 게 아니잖아." 하며 당당히 하고 싶은 생각도 전혀 없다. 이번 절(節)의 목표는 영어권 사람들의 감각을 소개하려는 것이다. 그리고 "이해 편" 에서 말했던 것과 같이 영어논문을 쓴다는 것은 상대방 진지(陣地)에 가서 승부한다는 것이므로, 상대방 감각에 근거한 규칙을 숙지하여 실행하는 필요성을 설명해보려는 것이다.

영어권 사람들은 지적 산물(이것이 아무리 사소한 생각이라도 해도, 개인의 머리에서 나온 것이라면 어느 것이나)도 눈에 보이는 소유물과 전적으로 동등하게 취급한다. 가재도구가 도난 당하면 즉시 도난 신고하는 것처럼, 타인의 생각을 훔치는 것(=자신의 생각을 훔치는 것처럼 취급한다)은 당연히 고소를 당하게 되고, 특히 미국 등은 소송사회이므로 "법정에 나가 결판을 짓는다"라고 하는 무시무시한 사태가 될 수도 있다.

미국 대학에서는 어디에서나 학생의 표절(plagiarism이라고 한다; 일본에서는 도용(盜用)이라고도 한다.)에 대해 단호한 태도를 취하고 있으며, 표절할 경우 퇴학 처분을 한다. (일본에서는 이렇게 할 경우 금새 학생이 없어져 버릴 것이다. 유감스럽게도 일본 대학생들의 리포트는 정보 출처를 언급하지 않고 여기 저기 문헌의 짜깁기 양상을 보여주는 것이 대부분이다.) 이 점에서 볼 때 학자나 전문 작가가 이런 죄를 범할 경우 학계와 사회로부터 매장당하게 될 것은 상상하기 어렵지 않다. 또한 매장당하기 전에 오랜 경제적 부담이 따르는 소송기간이 있겠지만.

그럼 충분히 공포를 맛보았고, 표절에 대한 범죄가 위중하다는 감각을 인식했다고 한다면, 이러한 범죄를 피하기 위해 어떻게 하면 좋을까 하는 이야기로 진행해가고 싶다. 우선 기본적으로는 자신의 생각과 타인의 생각을 확실히 구별하는 글쓰기 방법을 취하는 것이다. 몇 번이고 언급했던 것처럼, 일본어에는 특히 주어를 표시하지 않아도 되기 때문에 이러 저러, 여차 저차, 자신이 말하고 있는 것인지 다른 사람이 말했던 것인지 인식하지 못하는 경우조차 발생한다. 그러므로 영어로 쓸 경우 무심코 죄를 범하게 될 수도 있다. 실로 무서운 일이다.

다음으로는 타인의 생각을 "**인용(引用)**" 하는 것에 대해 일본인은 쉽게 생각하는데, 이를 살펴보자. 직접 한 자, 한 구절 똑같이 인용할 (영어로는 직접인용-direct quote) 때만을 인용이라고 인식하고 있는 사람이 많다. 직접

인용할 때만 그제서야 타인의 것이라고 표명하려 한다. 한편 어휘 사용을 바꾸거나(바꿔 쓰기: paraphrase), 요약하거나, 순서를 바꾸거나, 문맥을 바꾸는 경우, 이제는 자신의 것이라고 간주해버리게 된다. 영어권에서는 이것 역시 어엿한 표절이다. 어휘와 순서를 바꾸었다고 해서 사고 그 자체가 바뀌는 것은 아니다. 직접적이지 않은 인용도 역시 인용이다 (간접인용-indirect quote).

표절의 오명을 받지 않기 위해서는, 우선 첫 번째로 여하튼 원문의 발안자를 언급하는 것 (crediting the source-출처 밝히기)에 수고를 아끼지 말아야 한다. 애매하게 놔두어서, 어쩌면 독자가 자기 것으로 제멋대로 오해해 준다면 잘된 일이다 등의 질 낮은 생각은 더더욱 해서는 안 된다.

확인을 위해서 어떤 경우에 정보 출처를 밝혀야만 하는지 정리해보면,

(1) 직접인용
 한 자, 한 구 그대로 취했을 경우
(2) 간접인용
 의견이든 사실이든 간에 일반상식이 아닌 사항을 요약하거나 바꾸어 말했을 경우
(3) 통계 등

(2)의 "일반상식이 아닌 사항" 이라는 것은 조금 불분명하다. 어디까지를 누구나가 알고 있는 것으로 간주하며, 어디까지를 모르는 것으로 할 것인가는 때로 판단키 어려운 경우가 있을지도 모른다. 격언이나 속담은 문제가 없다. 유명한 어휘를 예로 들면 "국민의 국민에 의한 국민을 위한 정치" 등의 정보 출처는 언급하지 않아도 된다. 일반적으로 사실로 인정되는 사항, 예를 들면 "일본 열도는 화산이 많다" 등의 기술은 어떤 지리책에서 따왔는지 표명할 필요가 없다. 더욱이 "일본인은 직접적으로 표현하는 것을 싫어한다." 등의 판단을 기술할 경우도 마찬가지다. 다만 이것을 뒷받침하는 통계나 자료가 있어

서 이것을 사용할 경우에는 정보 출처를 명확히 밝혀야 한다는 점은 말할 필요도 없다.

소위 모든 사람들의 공유하고 있는 사고로 인식되는 것은 표명하지 않아도 되지만, 그 이외의 것, "자신이 생각해 내지 않은 것" 에 대해서는 전부 정보 출처를 기재해야 할 필요가 있다. 공유재산인지 아닌지 판단이 힘들 경우, 기재하는 편이 자신의 안전을 위해서 도움이 된다.

그러나 정보 출처를 밝혔다고 해서 그걸로 끝나는 것은 아니다. 여기에서 영어권 사람들의 엄격함이 드러나는 점이다. 직접 인용이 아닌 한 그 내용을 기재하는 경우, "자신의 어휘" 로 말을 바꾸어 표현하지 않으면 안 된다. 즉 원저자의 문체를 가능한 한 없애고 자기 자신의 방식으로 문체를 바꾸어야 한다. 구체적으로 말하면, 우선 특징적인 단어와 문구를 자신의 말로 고친다. 물론 구문도 바꾼다. 역설적이긴 하지만, 자기 방식으로 걸러내서 자신의 방식으로 써야만 한다는 점이다. 귀찮다고 안이하게 원문에 있는 문구나 문장을 가지고 오면 "글 쓰는 방식" 의 표절이 되어버린다. 물론 원문의 저자를 언급한다 해도 마찬가지다.

여기서 필요한 것이 바꿔 쓰기(paraphrase) 기술이다(4.4.2항 참조). 바꿔 쓰기 능력이 부족하게 되면 어느덧 원작에 이끌리게 될 지도 모른다. 어떤 생각을 자기 나름대로 표현할 수 있는 기초능력이 없으면, 영어논문을 국제무대에 내보낸다는 생각은 험난한 길이 된다.

이와 같이 영어권의 사람들은 독창성에 대해 일본인에 비해 매우 높은 가치를 부여한다. What(내용)에 대해서도 How(방식)에 대해서도 독창성은 존재하는 것이다. 국제무대에서 활약하기 위해서는 이러한 감각에도 민감해져서 영어권 사람들의 가치관을 기준으로 삼고 따르는 방식을 취해야 하는 것이다.

6.4.2 원고 작성요령 (Style Manual)

그런데 영어 논문에서는 타인의 생각임을 명백히 밝히고 이른바 정보 출처를 언급하는 방법에도 또한 확실한 규칙이 존재한다. (documentation (문서 조사)/referencing (인용문헌 쓰기)라고 부른다.) 본문에서 번호와 저자를 언급하고 권말(卷末)에 이것을 정리해서 상세한 정보를 등재하는 것이 기본적 방법이나, 이 규칙은 논문 서식 일반에 속하는 사항이며, 각각 분야에 따라 각기 정해진 방법이 있다. 따라서 여기서 상세한 논문작성 방법에 대해 통틀어 해설할 수는 없다. 다른 서식에 관한 사항(예를 들면 여백을 얼마나 둘 것인지, 항목을 나누는 방법, 쪽수의 위치 등등의 온갖 상세한 부분)과 함께 각 분야의 원고 작성요령(또는 투고 요령)에 따르면 되는 것이다.

이공계 영어논문의 원고 작성요령의 예로는,

- American Society of Mechanical Engineers의 *An ASME Paper* (ASME Manual MS-4)
- Institute of Electrical and Electronics Engineers의 *Information for IEEE Authors*
- American Mathematical Society 의 *A Manual for Authors of Mathematics Papers*
- American Chemical Society의 *A Manual for Authors and Editors*
- American Institute of Physics의 *Style Manual*

등 분야별로 여러 가지가 있다. 원고 작성요령이 각각 전혀 상이한 경우도 있기 때문에 어떤 방법을 써도 좋다는 것은 아니다. 자신의 전문분야에 맞추어 사용할 필요가 있다. 학술지에 투고할 경우, 잡지의 권말에 특별한 규정과 원고 작성요령 등이 게재되어 있다. 크게 보자면, 자기 분야의 원고 투고요령을 따르되, 상세한 규정은 그때마다 해당 학술지의 규정에 맞춘다. 이러한 외관상의 사소한 규정도 지키지 않으면 거절 당하는 원인이 되므로 대단히 신경 쓸 필요가 있다.

원고 작성요령의 방법에 대한 이야기를 조금 다루었지만, 여기서는 표절의 오명을 쓰지 않기 위한 방어책이 본래 목적이다. 이 절을 마치며 당부코자 하는 바는, 아무쪼록 영어권의 사람들의 감각에 맞는 글쓰기 방법을 취하도록 당부해 둔다.

7. 문단의 개념

그럼 마침내 본편의 절정에 다다랐다. 여기서 "이해 편" 중 "기본 자세" 장의 "구성" 및 "최종작품인 원고"에 관한 각 절(p. 18~22)을 수고스럽겠지만 다시 한번 읽어두면, 지금 이야기의 중요성과 의의가 재인식되리라 생각된다.

여기서부터는 문장의 범위를 넘어서 문단의 단위를 다룬다. 문단의 개념 속에는 그 이상의 큰 단위에도 통용될 수 있는 영어논문의 기본적 형태가 집약되어 있다.

"기본 자세"에서 말했던 것처럼, 구성(organization) 자체는 실로 단순한 것이다. "말하고 싶은 것을 맨 처음에" 라고 하는 것은 이미 언급해 놓았지만, 이에 대해 정말 납득하여 차후에 실행에 옮기기 위해 조금 시간을 투자해보기로 한다.

7.1 문단과 단락

Paragraph는 자주 단락(段落)으로 번역된다. 사실 사전에도 그렇게 나와 있다. 'paragraph=단락' 은 결코 아니라는 사실을 우선 말하고 싶다. 일본어의 쉼표에 확실한 규칙이 없는 것과 마찬가지로 단락에도 명확한 규칙이 있을 리 없다. 국어 시간에 단락의 엄밀한 정의 등을 학습한 사람은 없으리라 생각된다.

(역자 주: 일본어로는 paragraph를 주로 '단락' 으로 번역한다. 그러나 한국어에서는 '문단(文段)' 이라고 하는데, 일본어의 '단락' 과 한국어의 '문단' 과 영어의 'paragraph' 는 외관으로는 닮았지만 개념과 내용은 서로 다소 다를 수 있다고 본다. 한국어의 문단과 영어의 paragraph가 개념 면에서 상당히 유사

하다는 전제 아래, 이하에서는 paragraph를 문단으로 번역하였다. 또한 역자 개인 의견이지만, 앞으로 독자들이 한국어로 이공계 학술논문을 쓸 때에도, 한국어 '문단' 이 영어의 'paragraph' 와 같은 개념으로 구성되면 전체 체계가 논리성, 명확성, 간결성 등의 면에서 더 좋아질 것이라고 생각한다.)

확실히 외관상으로 문단과 단락은 다소 닮았다. 단락은 한 자 띄어서 시작하며, 문단도 처음에 indentation(들여 쓰기)해서 띄어 쓴 부분이 있다. (다만 한 자 분의 띄어쓰기가 아니라 5~7번 띄어 쓰기를 하는 것은 5.3절에서 언급한 내로이다.)

문단도 단락도 하나로 통합된 부분이라는 점에서 공통점이 있지만 무엇이 통합되어 있는가, 어떻게 정리되어 있는가 하는 점에서는 전혀 다르다. 일본어의 경우 무엇을 어떻게 정리해서 단락 지을지는 각자 취향과 "왠지" 라는 느낌에 의존한다. 한편 영어의 문단에는 무엇을 어떻게 정리할 것인가에 대해 명확한 규칙이 존재한다. 따라서 그 규칙에 따라 문단을 작성하지 않으면 안 된다. "작성하지 않으면" 이라는 부정적인 표현을 썼으나, 거꾸로 말해 보면 규칙에만 따르면 누구라도 좋은 문단을 쓸 수 있다라는 말이 되는 것이다.

7.2 문단의 구조

기본적으로 문단에는 "제가 말하고자 하는 바는 이것입니다" 라는 것을 말하는 주제 문장(topic sentence)과, 그것을 독자에게 납득시키기 위해 논리를 전개하는 뒷받침 문장들(supporting sentences), "이상이 제가 말하고자 하는 바입니다" 라고 말하는 맺는 문장(concluding sentence)의 3가지 부분으로 되어있다. 주제 문장과 맺는 문장 사이에 뒷받침 문장들이 끼어 있는 샌드위치 구조를 하고 있다. 물론 주제 문장과 맺는 문장의 내용은 완전히 동일하며, 처음에 오면 주제 문장, 끝에 오면 맺는 문장이라고 부를 뿐이다.

바로 그대로 앞에 나온 예의 경구가 (Ⅰ. "이해 편", 2.2절 참조)

Tell' em
what you' re going to tell' em, (topic sentence)
tell' em, (supporting sentences)
then
tell' em what you told' em (concluding sentence)

를 실행하고 있는 것이다.

여기서 주목해야 할 점은, 주제 문장은 첫 번째 문장에 둔다는 것이다. "말하고자 하는 바를 맨 처음에"의 원칙을 잊지 말라. 일본어 식 표현으로 말한다면, 결론부터 말하는 것이다. 서서히 자신이 말하고자 하는 내용으로 이끄는 것이 아니다. 처음에 말해 두고 나서, 왜, 어떻게, 그런가의 논리를 뒷받침 문장에서 전개한다. 맺는 문장은 하나의 문단으로 완결되어 버리는 글을 제외하고는 생략해도 상관없다. 문단이 많이 연결되어 있을 경우에는 하나하나 되풀이하는 것이 번잡해진다. 다만 그렇다고 해도 독자의 이해를 우선으로 해야 하며, 만약 필요하다면 맺는 문장을 가져 온다.

몇 번이고 이야기했듯이 문단의 구조는 단순하다. 이것이 모든 것의 기본이다. 물론 주제 문장이 없거나 두 번째에 위치하거나 마지막에 오는 영어 문단도 있긴 하다. 다만 본서를 읽는 독자, 특히 이공계 학술논문을 목표로 하는 사람은 이 기본 구조만을 기억해도 된다. 아니, 그렇다기 보다는 이 기본 이외의 것은 안 된다. 이를 지키기만 한다면 독자의 이해라는 최대 목표를 달성 할 수 있다.

7.3 단일성 (Unity)

또 한 가지 중요한 문단의 개념에는 단일성(unity)이라는 점이 있다. Unity를 번역하면 "하나로 뭉침, 또는 하나로 정리됨"이라 할 수 있지만, 앞서 이야기 했듯이 무엇을 어떻게 한 덩어리로 만드는가에 대하여 영어 문단에는 규칙이 있다.

무엇이 하나로 되어 있는가라고 한다면, 물론 자신이 말하고자 하는 바가 정리되어 있다고 할 것이다. 그런데 앞서부터 반복해서 언급했던 "자신이 말하고자 하는 바"라는 것은 작문 용어로서 '지배적 생각(controlling idea)' 이라고 한다. 따라서 주제 문장은 어떤 주제에 대해 지배적 생각이 표명된 문장이다. 그런데 여기서 중요한 것은 지배적 생각은 단 하나만으로 되어 있다는 점이다. 하나만의 문단에는 하나의 내용밖에 이야기할 수 없다. 이것, 저것을 함께 담는 것은 허락되지 않는다. 말하고자 하는 바가 두 개, 세 개 있다면 각자 별도의 문단에 완성시키는 것이다. 이와 같이 영어의 문단에는 하나의 지배적 생각(controlling idea)이 뒷받침 문장으로 뒷받침되어 하나의 정리된 단일체(unity)를 형성하는 것이다.

"하나의 문단에 하나의 말하고 싶은 내용"이라고 하는 원칙은 단순 그 자체이지만, 일본어 단락에 익숙해 있는 사람들은 함정에 빠지기 쉽다. 저렇게도 말하고, 이렇게도 말하다가 결국 말하고자 하는 바가 무엇인지 전혀 알 수 없게 되는 일본인의 문단은 정말로 많다.

7.4 일관성 (Coherence)

앞서 언급했듯이 문단의 구조와 규칙을 지기면 논리상 단일화(unity)되어 있는 좋은 문단이 되는 것은 보증되지만, 추가로 박차를 가하여 언어 면에서도 시종일관(始終一貫) 정리된 내용으로 완성시켜 간다. 이 시종일관 정리된 것을 작문 용어로 일관성(coherence)이라고 한다.

일관성을 높이기 위한 첫 번째 방법은, 문단 내의 문장을 정리하는 역할을 하는, 즉 연결어, 접속 어구를 잘 사용하는 것이다. 이것은 이른바 문장과 문장을 연결시키는 것으로 전환 신호(transition signal)라고도 불리며, 하나의 문장에서 다음의 문장으로 이동해 갈 때 "여기는 이런 연결 방법을 사용합니다" 하고 읽는 이에게 신호를 보내는 역할을 한다. 품사로는 부사가 많지만, 접속사나 구(句)라도 이러한 신호 역할을 수행한다면 모두 연결어구(transition words)가 될 수 있다. 표 II-3에는 대표적인 연결어구들을 정리해 두었다.

이러한 연결어구(transition words)들을 곳곳에 배분해 두면, 각 문장은 잘 연결되어 일관성 있는 문단이 된다.

표 II-3 연결어구(Transition words)

순서	first, second, next, then, finally, in the first place
병렬 · 열거	also, moreover, furthermore, in addition
상반 · 대비	however, nevertheless, on the other hand, in contrast, whereas, while
비슷함	similarly, likewise, in the same fashion
예(例)	for example, for instance, to illustrate
결과	thus, therefore, consequently, accordingly, as a result
목적	to this end, for this purpose, with this object
결론 · 요약	in conclusion, in brief, to summarize, on the whole

다음으로 일관성을 높이기 위한 언어 표현의 방법으로서, "**사물(事物)을 일치시키기**"를 들수 있다. 시제(時制: tense)도 이 "사물"들 중 하나이다. 예를 들어, 현재 시점에 서서 현재형으로 문장을 쓰려고 한다면, 끝까지 현재형으로 일관해야 한다. 이것이 문단 내에서 돌연 과거형으로 바뀌게 되면 일관성을 해치게 되므로 영어 문단에서는 허락되지 않는다. 시제 일치라고 하는 문법상의 제약도 일관성을 높이는 수단이 된다.

저자의 관점도 이런 "사물" 중 하나로 들 수 있다. 예를 들면, 논문 저자와 연구의 관계에서 (1) 저자 본인 관점에서 썼는지(I 나 We가 주어인 능동문), (2) 저자를 표시하지 않았는지(this study가 주어인 능동문 또는 수동문). 일단 관점을 정했다면 같은 관점으로 일치시켜야만 한다.

앞에서 설명한 것처럼 학술논문은 사물을 객관적으로 기술하는 것이므로 저자 개인을 전면에 내세우는 방법은 바람직하지 않다. 따라서 구문상 I를 회피할 수 있는 수동문 방식이 압도적으로 많이 사용되지만, 어느 쪽이든 어떤 관점에서 쓸 것인가 하는 점도 일관성의 관점에서 생각해 두어야 할 필요가 있다.

덧붙여 형식성(formality)도 갖추지 못한다면 일관성(coherence)을 해친다. 6.1절에 해설한 것처럼 학술논문에 적합한 문체(style)로 끝까지 계속해야만 한다.

이와 같이 하나로 일관된 태도는 영어 문단에서 매우 중요하게 취급된다. 여기 저기 튀는 것은 일관성의 결여라는 점에서 꺼려지는 것이다. "잠깐만, 관점을 바꾸어 다양성을 갖게 하는 방법도 반대로 좋지 않은가"는 일본인의 감각인 것이다. 분명히 영어에서도 다양성은 요구되지만, 다양성의 의미가 다르다. 어떤 다양성인가 하는 점은 6.3절에서 설명한 대로다.

7.5 더 큰 단위에서

문단의 개념을 이해했다면, 그 이상의 큰 단위인 항이나 절, 장, 소논문, 중논문, 대논문, 모두 같은 개념을 적용할 수 있다. 문단의 구조를 그대로 확대한 것이라고 생각하면 좋을 것이다. 문단에 있어 문장 단위가 이번에는 문단 단위로 확장된 것뿐이다.

문단의 주제 문장에 해당하는 것, 이른바 "자신이 말하고자 하는 바"가 맨 처음에 오는 것은 당연한 이야기다. 이것이 이른바 주제 문단(topic paragraph)이라고 부르는 부분이다(통상 서론 문단(introductory paragraph)이라고 부른다.). 계속해서 뒷받침 문장은 각각 문단으로 되고(body paragraphs - 본론의 문단), 맨 마지막 부분에 처음 말한 부분을 반복하며 끝낸다(concluding paragraph-맺는 문단). 완전히 같은 구조, 구성이어서, 지나치게 단순하고 재미있지도 않고 멋도 없다고 불평이나 불만이 있다면, 유감스럽게도 "이해 편"으로 되돌아가지 않으면 안 되겠다.

학술지에 투고하는 논문의 구조도 물론 마찬가지다. 최초에 서론

기 위해 position control과 force control 어느 것이 좋을까를 평가하기 위해 로봇을 사용한다"로 해석해 둔다.

다음 제3문장에서는 일련의 실험에 대한 것이 나와 있지만, 여기서 또 evaluate가 사용되고 있다. 'a series of experiments'를 주어로 해서 '실험이 두 control의 타당성을 평가하는 것이다'라고 말하려고 했지만, (예문의 영어 문장은) 아무래도 이해하기 어렵다. 평가를 내리는 것은 연구자, 즉 K씨로, 실험은 평가를 위한 수단이다. 따라서 여기서는 목적을 달성하는 방법을 말하고자 하는 것이다. 추가로 'follow'의 사용 방법이 적절치 않아서 더욱더 난해하게 되었지만, 일단 simulate의 동의어로서 사용하려고 했다고 해석해 두자.

제 4문장은 또한 문제가 많다. 문법의 문제로서 언급했던 'the theory'가 큰 문제이다. proof는 prove를 잘못 쓴 것이라고 앞서 지적했지만, 도대체 K씨는 여기서 어떤 이론을 prove하려 했을까? 관사의 실수를 포함한 the theory 부분은 실로 일본인의 글쓰기 양식(pattern)을 여실히 나타내고 있는 부분이다.

추측하건대, K씨는 position control과 force control에 대한 평가를 머릿속에 미리 가설로 세워 두고 (force control이 우위인 것은 제3, 제4, 제5문단에서 알 수 있다.), 그것이 우연히 'the theory'란 용어로 표현되었다고 생각한다. 그러나 몇 번이고 말한 것처럼, 영어의 구조에서는 우선 자신이 말하고자 하는 바를 확실하게 드러낼 필요가 있다. 모호하게(mysteriously) 내버려 두는 일은 무엇보다도 안 된다. 독자들에게 K씨의 머릿속을 헤아리도록 하는 일은 절대로 없어야 한다. 구체적으로 말하자면 제3, 제4, 제5문단과 제1문단의 the theory를 종합하여 force control 쪽이 좋다는 것을 간파하도록 하는 작업을 독자들에게 떠넘긴 것은 K씨의 큰 잘못이라 하겠다.

제1문단에는 이처럼 문제가 많이 있으며, 그것들을 바로잡기 위해서는 다른 문단과 관련하여 대대적인 수정이 필요하지만, 일단 여기서 각 문장에 대한 K씨의 본래 의도를 정리해보면 아래와 같이 말할 수 있을 것이다.

(1) 로봇 공학이라는 큰 영역에서 본 궁극적 목적
(2) 이 연구의 구체적 목적
(3) 그것에 도달하기 위한 수단
(4) 그 수단의 상세 내용

위에서 알 수 있듯이, 제3, 제4항목은 목적이 아닌 수단에 관한 것이다. 문단의 대원칙으로서, 하나의 문단은 하나의 논점만을 다루어야 한다는 점을 강조하고 싶다(7.3절 참조). 수단과 목적을 한 문단에서 함께 다루는 일이 있어서는 안 된다. 단일성(unity)이 결여되기 때문이다. 따라서 제3, 제4항목은 다시 수단만을 논점으로 하는 별도의 문단으로 구성하여야 할 것이다.

8.2 제2문단

제2문단에서는 실험에 사용된 로봇에 대해 상세히 설명하고 있다. 로봇의 특징과 구조 등, 로봇 그 자체에 대한 설명이 정리되어 있고, 그런 점에서는 이하의 문단보다는 낫다고 말할 수 있겠다. 그러나 여기에도 문제점이 있다.

제2문장의 국지적인 문제점은 4.3.4 항에서 언급했다. 나아가 제3, 제4, 제5 문장에 주목해보기로 한다. 여기서 보이는 공통의 특징이라고 말할 수 있는 것은, 일본어로 쓰인 원본을 가지고 있는 사람만이 이해 가능한 문장들로 이어지고 있다는 점이다. 즉, 영어를 모국어로 하는 사람들은 이해하기 어려운 부분이나 오해를 하기 쉬운 부분, 그리고 앞 문장과 뒷문장의 관계를 알 수 없는 곳이 많이 존재하고 있다.

제3문장에서는 "사용 중인 actuator(구동기)의 특징으로서 compliance control을 행하는 데 이상적이라는 점을 들 수 있다."라고 말하고 싶은 것 같다. 그러나 K씨의 글에서는 'characteristics = design' 으로 되어 있어 의미가 통하지 않는다.

제4문장에서는 왜 compliance 라는 성격을 가지는지에 대한 이유로 "그 구조에서 유래하는 탄력성을 갖고 있기 때문"이라고 설명하고 있다. 이같이 해석할 수 있는 것도 우리가 일본어를 알고 있기 때문에, 그리고 어느 정도의 상상력을 발휘했기에 망정이지, 영문으로 spring characteristics of its structure라고 하면 이것이 도대체 무엇을 말하는 것인지 이해하기 힘들다. 이와 같은 원인이 of의 사용법에 있음은 4.2.1에서 자세히 설명한 바 있다.

제5문장을 살펴보자. 여기서 일반적인 일본어 해석은 "그리고 로봇 컨트롤러는 actuator의 내부 공기압을 직접 제어하도록 만들어졌다." 정도로 할 수 있을까? 그런데 여기서 문제는 also의 위치에 있다. 영문을 읽어보면 also constructed라고 되어 있기에 constructed와 병렬개념(혹은 동사)을 필요로 하지만, 앞, 뒤 어디에도 보이지 않는다. 이 also는 실은 제4문장과 제5문장을 연결하는 연결어(transition word)인 것이다. 즉 제4문장과 제5문장이 함께 로봇의 구조를 설명하는 일부로서 병렬되어 있는 것이다. 결국, 문장과 문장의 이음매로서 제5문장의 첫머리에 놓아둔다면 이 also가 가지는 의미가 전달되게 된다.

8.3 이하의 문단

다음으로 제3, 제4, 제5문단을 한꺼번에 보도록 하자. 이렇게 할 수 있는 이유는, 이 문단들은 일단 들여쓰기를 하였기에 문단의 모양을 띠고 있기는 하나, 실제로는 어느 것도 문단으로 되어 있지 않기 때문이다. 문단에 대한 지식을 가진 독자라면 알 것이다. 이 문단들에는 문단이라면 최소로 갖추어야 하는 주제 문장과 뒷받침 문장의 구조를 이루고 있지 않기 때문이다.

K씨는 머리에 떠오르는 순서대로 문장을 연결하여 어디까지나 자의적인 들여쓰기를 한 것에 불과하다. 일본인들이 좋아하는 '도연초'의 기법이 얼굴을 내밀고 있다. "기본 자세"에서 말한 최종작품인 원고라는 것을 떠올리기 바란다. 생각의 과정을 그대로 적어 내려가는, 그렇기에 독자에게는 결코 보여서는 안 될 문장의 집합이 K씨의 제3, 제4, 제5문단이다.

그러면 앞서 말한 제1문단의 the theory를 주시하며 제3, 제4, 제5문단을 바르게 정리해 보자. 우선 주제는 position control과 force control 및 자신이 말하고자 하는 바, 즉 지배적 생각(controlling idea)은 "force control 쪽이 적합하다고 생각한다."이다. 이것을 합쳐 주제 문장으로 한다.

이 논점을 발전시키는 방법으로 다음과 같은 방법이 좋을 듯싶다. "force control 쪽이 적합하다."라는 지배적 생각을 뒷받침하기 위해서 크게 두 가지 점을 들어본다. 첫 번째는 인간이 자전거 페달을 밟을 때의 force control의 우위성(K씨의 제3문단), 두 번째는 최첨단 기술인 force control의 우위성(K씨의 제5문단)과 그에 대한 상세 설명으로 position control의 문제점(K씨의 제4문단)이다. 이것들이 뒷받침 문장이 되어 주제 문장과 합쳐져야 비로소 영어 문단의 구조를 유지하게 된다.

8.4 전체의 구성

그러면 지금까지 말해온 것들을 모두 고려하여 모든 문단의 구성을 다듬어 보도록 하자. 제1문단은 문단 제목처럼 연구목적을 주제로 하는 문단으로 한다. K씨의 제1문단의 제1문장과 제2문장에 해당되는 부분을 목적으로 적어 넣는다. 제2문단에서는 K씨의 중대한 실수를 수정한다. 즉 force control 쪽이 적합하다는 것과 그에 대한 증거를 확실히 표명하여 이른 시점에 설명해둔다. K씨의 제3, 제4, 제5문단에 해당하는 것을 앞서 상술한 방법에 따라서 쓰면 된다. 다음으로 제3문단에서 K씨의 제1문단의 제3과 제4문장에 있는 수단(실험)을 주제로 하는 문단으로 정리한다. 마지막으로 그 실험에 사용한 로봇의 상세 내용, 즉 로봇의 특징 및 구조를 설명한다.

이처럼 꽤 큰 수정 작업이 되었다. 무엇보다 가장 우선해 두어야 할 것은 독자의 이해인데, 다시 말하자면 그 최대 목표를 이루기 위해서는 "맨 처음에" 말하고 싶은 바를 확실히 표현하고 문단의 구조를 확실히 지켜야 한다.

8.5 일관성의 문제

그러나 이것만으로는 충분치 않다. 하나의 문단을 통일성 있게 정리하기 위해서는 구조에 대한 궁리 이외에 언어에 대한 궁리를 통해 더욱 더 단일성을 높이지 않으면 안 된다는 것은 7.4절의 일관성의 절에서 설명했다.

연결어구에 관해서는 수정한 문단의 각 문장이 완성된 시점에 검토하기로 하고, 여기서는 먼저 시제에 관련된 K씨의 실수를 살펴보도록 하자. 보통 서론(introduction)은 현재형이나 미래형으로 쓴다. (참고로 결론은 과거형이나 현재 완료형.) K씨는 처음에는 미래형으로 시작하고 있으나(Overview의 제1문장), 현재형도 섞여있고(Overview의 제2문장, Purpose의 제1문단-제2문장), 뒤에는(Purpose의 제1문단-제4문장 이후) 현재형이 주를 이룬다. 한번이긴 하지만 과거형도 등장한다(제2문단-제1문장).

앞에서 말한 것처럼 하나의 관점을 정했다면 이리저리 관점을 이동해서는 안 된다. 시제가 똑같이 일치하지 않는다면 일관성이 지켜지지 않는다. 현재형으로 갈 것인가, 미래형으로 갈 것인가, 어느 쪽이든 하나를 정해 일관되게 쓸 필요가 있다.

더불어 논문 저자를 어떻게 지칭할 것인가? 6.1절에서 말한 저자의 관점이라는 부분에서도 K씨의 경우에는 일관되지 못한 모습을 보이고 있다. 처음에는 저자를 일반화시켜 We를 주어로 하는 능동문을 쓰고 있다. 그것이 다음 문장으로 넘어가서는 저자를 드러내지 않는 수동문으로 바뀌어 있다. 게다가 3번째 문장은 this style을 주어로 하는 능동문의 문체로 바뀌었다.

다음의 문장은 다시 We를 주어로 한 능동문의 형태이다. 모든 문형이 이것저것 섞여있는 모습이다. 저자를 전면에 내세울 것인가? 말 것인가? 어느 쪽으로든 통일하지 않으면 시제의 문제와 마찬가지로 글의 일관성을 깨트리게 된다.

K씨는 어쩌면 일본인의 감성으로 다양성을 전달할 생각이었을지도 모른다. 혹은 깊이 생각하지 않고, 어쩌다 보니 그렇게 됐을지도 모른다. 하지만

영어 문단을 쓸 때에는 그 구조를 유지함과 더불어 일관성 또한 염두에 둘 필요가 있다.

K씨의 형식성과 관련된 일관성에 대해서는 6.2절에서 지적한 바와 같다.

9. 예문의 개선안

이제까지 말했던 것을 고려하여 작성한 예문의 개선안을 아래에 실어 보았다. 비교 검토가 쉽도록 수정 전과 수정 후를 함께 게재하였다. 우선은 읽어보도록 하고, 그 다음 해설을 더하기로 한다.

9.1 수정 전과 수정 후

수 정 전

1.1 Overview

In this chapter we will present the purpose of this thesis and the background of this study. Next, the organization of thesis is presented.

1.2 Purpose of This Study

¶ 1 ① This study will develop a human based two legs robot which simulate human movements. ② We use this robot to evaluate a comparison of the position and the force control of the robot to simulate human pedaling movements. ③ A series of experiments will evaluate the validity of the both control methods to follow a human pedaling movements. ④ So as to proof the theory, we control the robot so as to pedal a bicycle at a desired angular velocity of the crank pedal.

¶ 2 ① The robot has two legs with two joints respectively, and the joints were actuated by pneumatic artificial muscles(Rubbertuator). ② Rubbertuators are MaKiben type pneumatic rubber actuators which developed by Bridgestone Corporation [Bridgestone 1989a]. ③ One of the most important characteristics of the actuators is the unique design for applying a compliance control. ④ The actuator have a spring characteristics of its structure. ⑤ The robot controller is also constructed to control internal air pressures of the actuators directly.

¶ 3 We notice that a human pedaling movement on a bicycle contains two aspects about control methods when we realize same movements by a machine. The one is position control and the other is force control.

¶ 4 Usually, we do not care the correct position when we pedal a crank pedal of a bicycle. However position controlled manipulators need a series of correct positions along the trajectory. In recent years, many industrial robots have this method [Fu 1987].

¶ 5 Force control is a state-of-the-art technology about control on an interactions between objects and robot manipulator [Paul 1981].

1.3 Organization of This Thesis

Chapter Two presents about human pedaling movements and force control. Some examples of experiments about human pedaling action are presented; physiological and biomechanical view of point are presented. An idea to realize the movements by means of robot is presented. (이하 생략)

수 정 후

1.1 Overview

This chapter presents the purpose and the background of the study followed by the organization of the thesis.

1.2 Purpose

¶ 1 ① The objective of this study is to develop a two-legged robot which simulates human leg movements.② As the initial step of the study, the effectiveness of force control in relation to position control is examined through a series of experiments.

¶ 2 ① The study is conducted on the assumption that force control has an advantage over position control to effectively perform human pedaling movements.② This is based on the observation that the correct pedal position is of little concern to humans when pedaling a bicycle.③ On the other hand, the amount of force applied to the pedals is sensitively adjusted. ④ Moreover, force control is a state-of-the-art technology that has been pursued for a better interaction between an object and a robot manipulator [Paul 1981].⑤ The position control method, which is currently adopted by most industrial robots, has the advantage of simpler implementation, but it requires a sequence of correct positions along the trajectory [Fu 1987].

¶ 3 ① A series of experiments is performed to compare the ability of two control methods in imitating human pedaling movements. ② In each experiment, a robot is commanded to pedal a bicycle at a desired angular velocity of the crank pedals using one of the two control methods. ③ Differences between the desired and the actual velocities are recorded, thus enabling a comparison of results to show the effectiveness of force control.

¶ 4 ① The robot used in the experiments has two legs with two joints respectively.② The joints are actuated by pneumatic artificial muscles called rubbertuators. ③ They are McKiben type pneumatic rubber actuators developed by the Bridgestone Corporation [Bridgestone 1989a]. ④ The rubbertuators, whose internal air pressures are controlled by drivers, have spring characteristics. ⑤ This gives rise to compliance, which is one of the most important characteristics of the rubbertuators.

1.3 Organization

Chapter Two discusses human pedaling movements and force control. First, examples of the experiments on human pedaling actions are presented focusing on physiological and biomechanical points of view. Second, an idea to realize the movements by a robot is proposed. (이하 생략)

9.2 개선안의 검토

수정을 한 예문 쪽이 확실히 개선되어 있을 것이라고 기대하고 있지만, 수정의 주요 포인트를 문단 개념을 중심으로 해설해본다.

우선 가장 중요한 "자신이 말하고자 하는 바는 맨 앞에 쓴다."라는 점은 어떻게 지켜지고 있는가? 1.2 Purpose절의 제1문단을 읽는 즉시 이 논문이 어떠한 연구에 관한 것인지 알 수 있다. 예를 들어 문헌을 뒤지고 있는 독자는 이 부분만 보더라도 곧바로 자신에게 필요한 논문인지 아닌지를 판단할 수 있다. 독자에게, 제2장 정도까지 가서야 비로소 "자기가 기대하던 연구와 다르다. 시간만 허비했다"고 화나게 하는 일은 없을 것이다. 게다가 제2문장에서 force control이 position control에 대하여 우위에 있다는 입장에서 논문을 썼다는 것을 재빨리 판단할 수 있다.

문단의 단위도 역시 같은 모양이라고 말할 수 있다. 각 문단의 제1문장을 읽으면 그 문단에서 무엇을 말하고자 하는지가 정확히 파악될 것이다. 8.4절에서 계획했던 것처럼, 제1문단은 연구목적, 제2문단은 force control의 우위성의 정당화, 제3문단은 수단인 실험의 설명, 그리고 제4문단은 실험에 쓰인 로봇에 대한 설명으로 구성되어 있는데, 원본과 비교해볼 때 논점이 매우 명확해졌음이 확연히 보인다. 이것 역시 주제 문장이 존재하고, 또 그것을 가장 맨 앞에 위치시켰기 때문이다.

이렇게 논지를 찾기가 쉬운 이유는 "우선 맨 먼저 말하고자 하는 바를 적기"라는 순서를 지킨 점 외에, "하나의 문단에는 하나의 논점만을" 이라는 단일성(unity) 원칙 또한 지키고 있기 때문이다. 목적과 수단 등의 논점이 함께 섞이는 일 따위는 없다.

하나의 지배적 생각(controlling idea)이 그 뒤에 이어지는 뒷받침 문장으로 전개되는 문단의 구조도 빈틈없이 이루어져서, 이 정도면 독자도 충분히 이해할 수 있게 되는 것이다.

다음으로 언어 면의 일관성에 관해서 살펴보자. 연결어구(transition words)의 쓰임에 따라 문장과 문장의 연결이 더욱 명확하게 되어 전체 글의 결속성이 높아진다고 언급했다. On the other hand(13행), moreover(14행), thus(26행), first(38행), second(40행) 등. 이외에 34행의 this gives rise to 와 같은 표현도 연결(transition)을 명확히 해주는 역할을 하고 있다.

이어서 일관해서 같은 모양을 지켜야 할 것들을 살펴보자. 우선 시제(tense)인데, 여기서는 현재형을 선택하여 전체를 일치시키고 있다. 아울러, 저자를 전면에 내세우지 않는 수동문 위주의 문체를 사용하고 있다. 1.3절 구조의 서두는 Chapter Two를 주어로 한 능동문으로 되어 있다. 이것은 주제인 Chapter Two에 주목하길 바라는 이유에서이다. 글의 서두라는 부분은 당연히 주목이 집중되는 위치이다. 수동문의 형태를 취해도 나쁘다고 할 수는 없으나 자칫 가분수 꼴의 주어가 되어 버릴 수 있다. 글의 가지런함을 원하는 사람이라면 수동형을 써도 괜찮으나, 이 경우도 다음과 같이 Chapter Two를 맨 앞에 두는 것이 좋겠다.

In Chapter Two, human pedaling movements and the force control are discussed.

어떠한 경우에도 독자의 이해를 최우선으로 하여 모든 상황에 대처해야 함은 두말할 것도 없다.

'1.3 Organization' 부분은 K씨가 글쓰기에 꽤나 지쳤는지 같은 구문의 나열이 이어지고 있었다. 다양성(variety)을 가미하는 작업이 필요한 곳이다. 수정 전의 38행, 세미콜론으로 연결된 부분은 experiment의 상세 설명이기에, 수정 후에는 focusing on~으로 한 문장으로 정리했다. 그 외에 본문에서 사용된 present 동사도 discuss, propose 로 바꿔 다양성을 가미했다.

이처럼 K씨의 예문은 개선되었지만, 그렇다고 해서 무조건 훌륭한 논문이라 말할 수는 없다. 그러나 이 정도의 글이라면, 가령 심사를 하는 학술지 등에 투고할 경우, 심사원들에게서 처음부터 문전박대 당하는 일 없이 일단 형식이 아닌 내용으로 심사 받을 수는 있을 것이다. 역시 위의 규칙을 따르며 독자에게 서비스를 다하는 것이 중요하다.

명확할 뿐만 아니라 많은 것들이 단지 몇 안 되는 단어들에 담긴 세련된 글, 무거운 내용임에도 불구하고 적절한 유머가 담겨 있는 논문을 쓸 수 있다면 더할 나위 없겠으나, 이것은 풍부한 재능과 경험을 필요로 한다. (그러나 이것 또한 훈련 방법이 전혀 없는 것은 아니니, 제11장 참조.) 따라서, 논문을 쓸 때 보통 사람들은 첫째도, 둘째도 독자들이 빨리 이해하고, 또 좀 더 쉽게 이해할 수 있도록 해야 한다는 점을 명심하자.

10. 원어민이 쓴 논문의 실제

지금까지 예문 검토를 통해 일본인들의 글쓰기 문제점을 구체적으로 일깨

워 주었다고 생각한다. 문단 구조의 규칙에 대한 지식을 얻는 일은 쉽다. 하지만 "확실하게", "맨 처음에" 라는 말을 스스로 실제 행동으로 옮기기란 그리 쉬운 일이 아니다. 이것은, 다 큰 어른들은 감각적으로 확신이 서지 않는 일에 대해서는 선뜻 행동으로 옮기기 꺼려하기 때문이다.

왜 이런 말을 하느냐 하면, 필자 개인이 겪은 경험 때문이다. 미국에 있는 일본인을 포함한 동양인 유학생(대학원생) 및 유학을 준비하는 엘리트 회사원과 대학생들에게서 공통적으로 보이는 현상인 것이다. 그들의 거의 대부분은 TOEFL 550점 이상의 상급자임에도 불구하고 말이다. 개인지도 시간에 "이렇게 하세요. 이쪽 편이 더 나으니까요." 하고 조언한다. 그들은 그 자리에서는 일단 이해하는 표정을 지으며 집에 돌아간다. 그래도 고쳐 쓰기 한 것을 보면 문법 사항 등은 깨끗하게 바로잡혀 있는 반면, 글의 구조는 여전히 그대로이다. 감각적으로, 심정적으로 납득하지 못한 내용의 실천은 어려운 일이다.

그래서 조금이나마 시간을 할애하여 독자 여러분의 이성에 호소하는 작업을 하려고 한다. 감각적으로 받아들이라고는 말하지 않겠다. 하지만 영어권 사람들의 글쓰기는 이러하다고 다그치듯 호소라도 해서 "잘 와 닿지는 않지만, 그렇게까지 말한다면 한번 해보기나 할까?" 하는 마음이 들게끔 하려는 의도에서이다.

10.1 소규모(Mini) 조사

여기서 원어민이 쓴 논문과 일본인이 쓴 논문을 숫자의 측면에서 비교 검토해 보고자 한다. "숫자"라고 막연하게 표현했지만, 그리 대단한 것은 아니다. 하지만 뚜렷이 나타나는 숫자이기에 필자도 사실 놀라움을 금치 못했다.

"뭐야, 불분명하게 내버려 두는 것만큼은 피하라고 말해놓고는 자신이 스스로 그 잘못을 하고 있지 않은가?" 하는 질책을 받을 것 같기에 확실하게 말해 두겠다. 원어민은 "맨 먼저 말한다", 일본인은 "마지막까지 말하지 않는다"라는 사실이 말하고자 하는 바가 드러날 때까지의 단어 수에 여실하게 나타나고 있다.

그러면 이 조그마한 조사에 대해 보고하겠다.

10.1.1 방법

수중에 있던 IEEE의 *Transactions on Automatic Control*(이하 IEEE라고 줄임)과 *Robotica* 두 학술지를 대상으로, 의도적이 되지 않도록, 같은 권(volume)에 등장했던 논문을 원어민과 일본인을 기준으로 조사했다(약력에 의거했다). 그랬더니, 확실히 원어민의 것으로 판단되는 논문 3편(A, B, C)과 일본인의 논문 3편(갑, 을, 병)을 수집했다. 이 가운데 병은 일본인과 중국인이 공동으로 집필했으나, 중국인도 일본인 형의 구조를 좋아하는 것으로 알려져 있기에 (Taso, 1982), 일단 일본인 쪽으로 포함시켰다. C는 원어민 동료 간의 공동 집필이며, 나머지는 모두 단독 집필이다. 공동 집필 논문 각각 1편씩을 포함하여 총 6편의 논문을 조사 대상으로 하였다.

원래는 어느 권의 어디 부분이라고 상세하게 밝혀야 원칙이나, 이것은 어디까지나 흥미가 중심인 조사이기에 이해하기 바란다.

방법은 간단하다. 첫 단계로 서론이라고 제목이 붙어있는 절에서, 그 논문의 목적이 적혀 있는 부분(예를 들어 This paper describes ~나 The purpose of this paper is~ 등이 써있는 부분)에 이르기까지의 단어 수를 세어본다. 이것은 "말하고자 하는 바"가 등장하기까지 얼마나 걸리는지를 파악하는 지표가 된다.

두 번째 단계로 각 문단이 어느 정도의 길이인지를 조사하기 위해 각 문단의 단어 수를 세어 전체의 평균치를 구한다. 이것은 한 문단이 얼마만큼의 이런저런 말들로 채워져 있는지를 알 수 있는 지표가 된다. 분명 뒷받침 문장이 많게 되면, 논점의 일관성은 유지하고 있더라도 길이가 길어지는 것은 어쩔 수 없기에, 내용에 따라 다소의 길고 짧은 차이가 있을 수도 있다. 이점을 고려해 일단은 각 논문에서 최대 단어 수를 지닌 문단끼리 비교해 보는 일도 해 볼 것이다.

10.1.2 결과

결과는 표 II-4에서 보이는 것처럼, 필자도 깜짝 놀랄 만큼 원어민과 일본인의 특징이 뚜렷이 드러났다.

표 II-4 원어민 대 일본인

	원어민			일본인		
	A	B	C	갑	을	병
"This paper describes..." 까지의 단어 수	11	101	0	629	424	905
	평균=56			평균=653		
한 문단의 평균 단어 수	67	117	90	206	129	125
	평균=91			평균=153		
최장 문단의 단어 수	127	154	111	402	307	225
	평균=131			평균=311		

10.1.3 고찰

우선 "말하고자 하는 바" 에 도달하기까지의 단어 수에 관해서인데, 원어민이 평균 56개 인데 비해 일본인은 653개이다 653개는 상당한 길이이다. 독자는 초초해 할 것임이 분명하다. 원어민의 C 논문의 0이란 수치는 처음부터 말하고자 하는 바를 바로 내세웠기에 그러하다. 일본인의 논문 병은 905개의 단어를 낭비하고 있다. 아찔해질 정도로 긴 길이이다. 일본인의 논문 중 짧은 편에 속하는 을의 경우도 호의적으로 해석했기에 그나마 그 정도의 수치를 기록할 수 있었다. 그 논문은 연구목적이 명확히 정리되어 있지 않고, 이 문단에 조금 저 문단에 조금하는 식으로, 따라서는 안 될 방식의 전형이다. (그래도 게재(揭載)가 수락되지(accepted) 않았는가 하고 말한다면 어쩔 수 없겠지만...) 그래서 맨 앞부분에 그나마 연구목적이 대강 드러난 부분을 잡아 계산

하였다.

다음으로 이런저런 말들로 채워져 있는 정도를 알 수 있는 지표, 즉 문단 길이의 평균을 살펴보자. 이것도 원어민의 평균치가 91인데 비하여 일본인의 평균치는 153으로서, 일본인 쪽이 훨씬 길다. 원래 "한 문단에 하나의 주제"라는 원칙에 맞는 문단의 구조를 염두에 두어야 하는데, 이런저런 것들을 함께 다루었기에 길어진 것을 증명한다.

"아니, 그저 뒷받침 문장이 많아서 그런 것뿐이다." 하고 일본인의 손을 들어주는 의견도 이해하는 바이나, 그렇지 않다는 것은 다음을 보면 알 수 있다. 양쪽 논문 모두 전개의 깊이와 다양함에 따라 문단의 길고 짧음이 결정되기 마련이다. 하지만 원어민의 경우는 길어도 평균치가 131이다. 즉 얼마든지 주장을 풀어 나가다가도 하나의 지배적 생각(controlling idea)이 전개되기 시작하면 저절로 길이의 한도가 정해진다. 평균 311개의 단어를 소비하는 것은 역시 이런저런 쓸데없는 얘기들이 너무 많이 들어간 탓이라고 할 수 밖에 없다.

10.1.4 결론

이런 결과로 원어민은 "말하고자 하는 바를 맨 앞에서 말하고," "한 문단에는 하나의 주제만을 담는다." 한편 일본인은 "말하고자 하는 바를 좀처럼 드러내지 않고," "한 문단에 이런저런 것들을 함께 담는다"는 특징이 숫자로도 알 수 있는 것이다.

10.2 원어민의 예문

앞에서 말한 "이렇게까지 말한다면 어쩔 수 없지. 한번 원어민 스타일로 써볼까" 하는 기분이 조금은 들었는가? 그렇다면 기쁘겠지만, 아직 그렇지 않은 이들을 위해 처음에 약속했던 것처럼 원어민의 예문을 게재하고, 복습의 의미로 약간의 해설을 곁들이기로 한다.

K씨의 예문의 경우도 그랬지만, 이 예문도 이 책의 내용에 맞는 것을 일부

러 찾으려고 한 것은 아니다. 그저 근처에 있던 잡지 가운데 슬슬 뒤적거리며 찾은 것들이다. 즉 예로 들기에 좋은 것을 일부러 찾은 것도 아님에도 불구하고, 원어민으로서 학술지에 투고할 정도의 사람이라면 누구나 이런 정도의 글쓰기가 가능하다는 것이다.

이건 여담이지만, 원어민만이 작성한 논문을 찾는 것은 매우 힘든 일이었다. 이 논문의 의미와, 이런 현실을 근거로 어떤 글쓰기가 좋은 것인가 하는 근본적인 질문에 대해서 여기서 설명할 여유는 없다. 그러나, 여러 가지 생각이 드는 것만은 사실이다.

다시 돌아와서, 아래에 Shouse & Taylor (1995)의 서론의 첫머리부터 3문단이 있다. IEEE에 게재된 논문에서 발췌했다. 내용에 신경 쓰지 말고, 문단의 규칙에 신경 써가며 읽어가기 바란다.

In this paper, the problem of constructing state observers for nonlinear continuous-time singularly perturbed systems is investigated. One observer design concept that may be applied to such systems is based on inversion of the so-called state-to-measurement map (a set of algebraic equations) [4],[5]. Since this design concept is widely applicable, requiring only that standard observability assumptions be satisfied by the discrete-time representation of the system, this paper will adopt a map-inversion approach and will adhere to the basic principles outlined in [4],[5].

Unfortunately, when this full-order observer is applied to singularly perturbed systems, several difficulties are encountered. First, the discretization of the continuous-time system must be carried out at a sufficiently small sampling interval to accurately model the fast states even though the states of primary interest may be the slow ones. This necessitates the use of faster sampling devices and faster processors than would otherwise be needed. Second, because of this separation in time scales, the equations which must be inverted to construct the observer are stiff. This means that accurate numerical solution is more difficult than if the system evolved in a single time scale.

The two-time nature of the system can be exploited by decomposing the problem into one of designing separate reduced-order observers for the approximate slow and fast subsystems. This decomposition is quite straightforward for systems without inputs but can also be applied when inputs are present with some technical modifications. The outputs of the two reduced-order observers can be used to estimate the state of the original system. Since the slow and fast observers are separate algorithms, they may be implemented using multirate measurements and computation. Consequently, the computational and/or memory requirements for state-to-measurements map inversion are significantly reduced from those of the full-order observer, and the numerical stiffness is relieved. (이하 생략)

우선, 처음 부분을 살펴보자. 이 논문도 서두의 제1문단의 제1문장부터 "In this paper, ~ is investigated." 라는 형태를 취하고 있다. 읽기 시작함과 동시에 이것은 "the problem of constructing state observers for nonlinear continuous-time singularly perturbed systems"를 다룬 논문임을 알 수 있다. 이 맨 처음 문장이 주제 문장이 되며, 이 논문에서 말하고 있는 연구 주제가 무엇인지 나타나 있다. 이어지는 뒷받침 문장에는 상세 설명(이 연구에서 어떤 접근을 했는지)을 덧붙이고 있다.

제2문단의 제1문장 역시 이 문단의 주제 문장에 해당한다. 제1문단에서 언급한 접근에 관한 내용을 이어 받고 있으며, 이 문단에서 말하고자 하는 바는 이러한 접근 방법을 택하면 "several difficulties are encountered" 하게 된다는 것이다. 이어서 그 "difficulties" 에 대해 설명하는 뒷받침 문장이 뒤따르고 "difficulties" 는 크게 두 가지로 나뉜다고 연결어구(first, second)를 이용해 명확히 밝히고 있다.

제3문단에서도 주제 문장을 제1문장에 위치시키는 원칙을 지키고 있다. 독자는 이 주제 문장을 읽음으로써, 이 문단은 앞 문단에서 언급된 "difficulties"를 극복하기 위한 방법이 설명되어 있음을 짐작할 수 있다. 제1의 문제점(=slow and fast subsystems)과 제2의 문제점(stiffness)은 연관되어 있으며, 제1의 문제점에 대처하면 그 결과로 (consequently) 제2의 문제점도 해결할 수 있다고 설명하고 있다. 자, 이런 구조라면 알기 쉽다.

우리들의 가장 큰 목표는 독자들이 쉽게 이해하도록 하는 것이다. 그 점에서 보면 이 논문은 매우 훌륭하다고 말할 수 있다. 그 이유는,

(1) 말하고 싶은 게 무엇인지 명확히 기술되어 있고(주제 문장의 존재),
(2) 이것저것 어지럽게 말하고 있지 않으며(지배적 생각은 1문단에 하나씩),
(3) 금방 파악할 수 있게(주제 문장이 문단의 제일 처음에 위치하고 있음)

되어 있기 때문이다.

이런 식의 글쓰기를 한다면, 하물며 배경 지식이 없는 사람들도 이론상의(내용은 말고라도) 논리는 따라갈 수 있을 것이다. 무엇보다도 독자에게 이런 저런 추측을 하게 하거나 여기저기 연결-정리해가며 읽지 않게 하여, 독자들의 수고를 덜어준다. 어디까지나 독자의 입장에서, 자신만을 만족시키지 말고, 독자를 만족시키는 마음가짐을 가져야 한다.

이것으로 "이해 편"에서 반복하여 말하고 강조한 것들에 대한 설명을 마치겠다. "해볼 만한데~!" 라는 생각이 든다면 성공이다. 그렇다면 필자로서도 여기까지 써온 보람이 있겠다.

자신감이 생기는 이 시점에서 이 "논문 편"의 마무리로서, 지금까지 학습한 내용을 몸에 익히기 위해 어떤 연습이 좋은지, 전략 한 가지를 제안하겠다. 어디까지나 나 자신의 생각에 기초한 아이디어에 불과하지만, (사람들에게는 각

자의 생각과 기호가 있기에 무리해서 강요하지는 않겠다.) 참고로 삼았으면 좋겠다.

11. 전략에 대한 한 가지 제안

여기서 제안하고자 하는 것은 문법문제 복습하기, 좋은 논문 옮겨 쓰기, 좋은 샘플 분석하기, 실제로 스스로 써보기 같은 상식적인 방법들이 아니다. (상식적인 방법으로는 안 된다는 의미는 결코 아니다.) 바로 영어 논문을 많이 많이 "**읽어보라**"는 것이다.

"어~? 쓰기가 문제인데 읽으라니? 나름대로 독특한 아이디어군요."라고 말할지 모르지만, 이것 또한 근거가 있기에 하는 말이다.

11.1 Krashen의 생각

Krashen은 *The power of Reading: Insights from the Research (1993)* 라는 책 속에서, 제목에서도 알 수 있듯 과거 많은 언어 교육과 언어 습득의 과학적 연구에 근거하여, "쓰기를 통해서도 습득되지 않는다. 읽기를 통해 몸에 익힌다."고 결론을 도출했다. 여기서 말하는 "쓰기"란 우리들이 지향하고 있는, 치졸함이 없고, 상황에 적합한 스타일의 글을 쓰는 것이다. 다시 말해 "쓰기 문체(writing style)"를 의미하고 있는 것이다.

그 근거 중 첫 번째로 Krashen이 내세우고 있는 것은, (1) 학교에서, 좋아하는 책을 자유롭게 읽는 독서 시간이 규칙적으로 주어지는 프로그램에 참가한 학생들은 그렇지 않은 학생들보다 쓰기 능력이 우수하다는 일련의 연구보고와(자세한 것은 위 책을 참고하길 바란다), (2) 자주 책을 읽는다고 말한 사람들(각 연령층)이 그렇지 않은 사람들보다 쓰기 능력이 우수하다는 일련의 연구보고이다.

두 번째 근거는 이 "문체"라는 것이, 좋다, 세련됐다, 또는 훌륭하다고 단정

지어 설명할 수 있는 것이 아닌 매우 복잡한 것이라는 점이다. 설령 어느 정도 규칙에 관한 설명을 할 수 있다고 해서, 또 그것을 이해할 수 있다고 해서 자연스럽게 "문체"에 숙달되었다고 할 수는 없다. 하나하나의 규칙을 의식하고 학습해서 몸에 익히기에는 "문체"가 너무나 복잡한 시스템이라고 주장하고 있다.

게다가 Krashen은 실제로 "쓰기"를 통해 "쓰기"를 훈련하는 것은 잘못된 생각이라고까지 말하고 있다. 왜냐하면 학교 등 그 밖의 곳에서 실제로 "쓰기" 작업을 하는 시간은 불과 얼마 되지 않기 때문이다. 여기서는 생략하겠지만, 어느 정도 적은지 수치로도 나와 있다. 반면에 "읽기"에 소비하는 시간은 "쓰기"에 주어진 시간보다 훨씬 많다. 요점은 사람들은 쓰기를 통해 글쓰기 기술을 습득하지는 않는다는 것이다. 아울러 더 많은 시간을 "쓰기"에 투자한다 해서 반드시 더 좋은 "쓰기"가 되는 것은 아니라는 사실을 뒷받침하는 일련의 연구논문도 소개하고 있다. 질은 양에 비례하는 것이 아니기 때문이다.

이러한 연구보고는 주로 미국의 현상을 토대로 하고 있지만, 우리 주변에 비춰보더라도 충분히 수긍할만한 내용들이다. 예를 들어 소설가들의 자서전을 읽다 보면, 중병으로 휴학한 사이 책 읽기에 굶주린 것처럼 책을 읽어댔다는 내용은 심심치 않게 나오지만, 반대로 소설 쓰기 연습에 몰두했다는 이야기는 그다지 많지 않다. 최근에는 문화학교에서 "소설 쓰기 방법"이란 이름의 강좌도 있는 것 같으나, 문화학교 출신이 아쿠다가와(芥川) 상을 수상했다는 이야기를 들어본 적은 없다. 한편, 읽는 것을 싫어해 그다지 책을 많이 읽지 않는 편이었다고 고백하는 프로 작가의 이야기도 들어본 적이 없다. 하지만 성적은 나빴으나 책만은 잘 읽었다는 이야기는 주변에도 많이 있다.

필자가 특히 마음에 드는 부분은 Krashen이 말하는 두 번째 근거이다. 글쓰기 지도에 종사하는 사람으로서, 글쓰기 규칙(지식)에 대한 설명, 이어지는 실제 글쓰기, 그에 뒤따르는 추가 지도라고 하는 종래의 교육 방식에 한계가 있음을 매일매일 느끼고 있기 때문일 것이다. 이렇게 쓰면 여기까지 읽어 주신 독자들은 "자, 지금까지 배웠던 규칙을 공부하는 것만으론 안 된다는 이야기란 말인가? 'Awareness is half the battle' 이라고 말해놓고는..." 하고 생각할 것이다. 그렇다. 의식을 갖는 것과 지식을 배우는 것은 꼭 필요한 일이다. 이것 없이는 어떤 것도 시작할 수 없다. 그러하기에 지금까지 지면을 할애해가며 영어식 글쓰기의 지식을 전달한 것이다. 하지만 뒤에 절반의 싸움이 남아 있다.

11.2 제안

그래서 제안한다. 나머지 절반을 영어식 영어 논문을 계속해서 읽어나가며 직접 부딪혀 보라고 말이다. 읽을 때에는 문단의 구조가 어떻고, 일관성이 어떻고, 이것저것 신경을 써가며 읽을 필요까지는 없다. 죽-죽-읽어가기! 여기서 하는 연습은 분석적이고 의식적인 연습이 아니다. 심리언어학적으로 해명되지는 않았지만, 어찌됐든 "읽기"라는 작업을 많이 함으로써 무의식적으로 스며드는 "쓰기" 능력을 몸에 익히는데 그 목적이 있는 것이다.

이같이 한다면, 동시에 감각적으로 확실히 느끼지 못했던 것(예를 들어 구성에 대한 감각)도 저절로 실행할 수 있게 되지 않을까 하고 필자는 생각한다. 엄밀히 말하면 Krashen은 "쓰기 문체(writing style)" 에 대해 언급할 때, 서구형이나 일본어 형 등의 "수사학적 문체(修辭學的 文體: rhetorical style)" (제7장에서 제10장까지의 내용)는 다루지 않고 있다. 따라서 이것은 어디까지나 Krashen의 생각을 필자가 응용한 것이다.

이 방법이라면 연구자로서 직접 훑어보아야 할 방대한 양의 논문을 읽게 됨으로써 자신의 연구도 향상될지도 모른다. 영어식 논문도 몸에 익히고, 일석이조의 효과이다. 게다가 읽기 작업은 논문만 있으면 어디서든 쉽게 실천할 수 있다. 매우 좋은 방법이라 생각되는데, 어떠한가?

이와 같은 생각을 기초로 하여 글쓰기 교육과정("읽기"를 중심으로 한)을 계획해 종래의 교육과정과 그 효과를 비교 검증한 결과 "실제로 효과가 있습니다."라는 과학적인 보고가 이 자리에 있으면 좋겠다. 그러나 유감스럽게도

이 참신한 실험적 교육과정은 아직 실현되지 않고 있다. Krashen의 생각은 어디까지나 가설이다. 그 가설에 토대를 둔 필자의 제안의 확실성도 보장할 수는 없다. '속는 셈치고 해보자' 하는 독자가 있어, 그 효과를 말해준다면 기쁘겠지만...

단지 한 가지, 과학적이지는 않지만, 필자의 개인적 체험담을 통해 뒷받침해보고자 한다. 미국 대학에서는 학부와 대학원에 걸쳐 방대한 읽기 과제가 부과된다. 관련 문헌 등을 읽도록 시키는 것이다. 그 양이 일본 학생은 상상도 못할 정도로 많아 다들 경악하며, 머리가 어지러울 정도이다. 이것이 박사과정의 연속이고, 시험이라도 닥치면 그 양은 점점 더 늘어나 "내 인생은 도대체 뭐란 말인가! 읽기 위해 태어난 게 아니지 않은가!" 하고 외치고 싶을 정도이다. 그 당시엔 앞이 캄캄했지만, 돌이켜 Krashen의 생각에 비춰보면, 이럭저럭 일단 영어 논문을 쓸 수 있게 된 것은 논문 쓰기 요령에 관한 지식을 학습한 이유도 있지만, 그 이상으로 이 읽기 과제의 덕분이 아닐까 싶다.

마지막으로 "영어식 영어 논문을 계속해서 읽는 일인데, 읽기 전에 어떻게 이게 영어식 논문인지 파악하지?" 하는 의문에 답하고자 한다. 이에 대해서는 원어민이 쓴 논문을 읽으라고 말하고 싶다. 이렇게 말하면 원어민 신봉자 같아 썩 좋은 느낌은 아니지만, 시간 절약 면에서 볼 때 이 방법이 가장 효율적이다. 물론 원어민이 쓴 것 중 일본어 식에 가까운 것도 있을 수 있다. 그렇지만 그 확률은 매우 낮다. 만에 하나 그런 논문을 읽었다 하더라도 잡음 정도에 그칠 것이다. 인간의 머리는 강건(强健: robust)하기에 그다지 걱정할 필요도 없다. 다만 많이 읽지 않는다면 단순한 잡음에 그치지 않을 수도 있으므로, 우선은 많은 양을 읽는 것이 전제되어야 한다.

12. 마무리

여기 "논문 편"에서는 "이해 편"에서 말한 것, 즉 독자에 대한 서비스를 염두에 두면서, 영어라는 언어로 글을 쓰기 위해 필요한 의식과 지식과 훈련에 관해 말했다.

기본적으로는 영어로 생각하고 영어로 쓰기를 시작해 영어로 고쳐 쓰기까지를 전제로 하는 진행과정을 지키도록 한다.

문법 사항도 말하고자 하는 바를 정확히 전달하기 위해서 확실하게 해 두어야 할 것이다. 구두점, 대문자 사용, 서식 등도 외관을 정리한다는 점에서 가볍게 보지 말고, 꼭 짚어보아야 할 사항이라는 것도 이해할 수 있으리라 생각한다.

가장 중요한 영어 문단의 개념도 지식으로는 이해했다고 생각한다. 맨 앞부분에 말하고자 하는 바를 한 문장의 주제 문장으로써 위치시킨다. 그리고 그 뒤에 뒷받침 문장을 통해 논리를 전개한다. 이 기본 구조를 지키고 있기만 하면, 빨리, 명확히, 정확하게 독자를 이해시킬 수 있다. 물론 일관성도 중요하다. 연결어구로 각 문장을 확실하게 이어주고, 여러 사물을 한 가지로 정렬시킴으로써 글에 일관성을 유지할 수 있다.

학술 논문으로서 적합한 문체를 얻기 위한 방법과 규칙도 언급했다. 서구의 표절에 대한 감각도 소개했고, 그 감각에 부합하는 글쓰기 방법의 필요성도 설명했다.

마지막으로는 영어식 영어 논문을 많이 읽음으로써 여기 "논문 편"에서 말한 지식들을 몸에 익히는 방법도 제안하여 덧붙였다.

이어서 "구두발표 편"으로 넘어가게 되는데, "쓰기", "말하기"의 형태 차이는 있으나 "영어 식을 따른다"라는 점에서는 별반 다르지 않다. 그러므로 "논문 편"과 많은 공통 사항이 있다. 본편에서 학습했던 사항들을 잊지 말고 계속해서 읽어 나가기를 바라는 바이다.

(역자 주: 요즘 대부분의 학술 논문은 앞 부분에 요약(abstract: 초록(抄錄)이라고도 한다)과 핵심어(key words)를 쓰는 것이 보편화되어 있다. 이 책에 이 부분에 대한 소개와 작성 지침이 없는 것이 아쉽다. 요약은 통상 100~200단어 정도만 쓰게 되어 있으므로, 연구 목적, 주요 연구 방법, 핵심 결과 및 결

론 등이 말 그대로 요약되어 있다. 따라서, 말하고 싶은 것이 맨 먼저 여기에 담겨 있으므로 저자의 염려가 다소 가벼워질 수 있다. 그렇다고 하더라도 문단과 논문의 전체 구성에 대해서는 저자의 의견에 깊이 동감한다.)

III. 구두발표 편

1. 처음에

영어라는 언어의 문제를 제외하더라도, 그 이전에 사람 앞에서 '이야기하는 것' 자체가 어려운 일본인은 사실 적지 않다. '이해 편' 에서 인용한 사람처럼, 일본인의 대다수는 "말이 많고 능숙하게" 말하는 것을 좋게 여기지 않는다. 최근 들어 'debate(논쟁/토론하다)' 라고 하는 단어도 매스컴을 타고, 'debate' 를 교과과정(curriculum)에 포함시켰다는 얘기도 듣게 되지만, 현재 활약하고 있는 학자들은 말하는 연습 같은 것은 거의 하지 않았다고 해도 과언이 아니다.

한편, 구미의 문화권에서는 어릴 때부터 철저하게 이러한 연습을 시킨다. 예를 들어, 미국에서는 유치원생도 'show and tell' 이라고 해서 지참한 물건을 모두의 앞에서 '보여주고, 이야기하는' 시간이 있고, 초, 중, 고등학교를 지나면서 구두발표(口頭發表: oral presentation)라고 하는 것이 소위 말하는 '국어' 시간뿐만 아니라 다른 과목에서도 중요한 위치를 차지하고 있다. 많은 대학에서 퍼블릭 스피킹(public speaking)이 필수과목으로 되어 있을 만큼, '말하다' 라는 것을 중요하게 생각하는 문화권에서는 나름대로의 교육이나 연습이 행해지고 있는 것이다.

모국어가 영어가 아니더라도, '말하는' 문화권의 사람들이라면 말만 익히게 된다면 충분하지만, 일본인은 그렇지 않다. 그렇기 때문에 언어 이전의 문제로써, 기본적인 구두발표 기술을 학습하는 일은 대단히 중요하다.

그러나 여기서 "말 자체로도 핸디캡이 있는데, 핸디캡이 더 있을 게 뭔가" 하고 지긋지긋한 기분을 느끼지 않았으면 좋겠다. 구두발표의 기술이라고 해봐야 별 거 아니다. 사실 필자의 경험에 의하면, 이 기술을 이해하고 실행에 옮기는 것으로써 놀라운 진보를 이루는 사람들이 많이 있다. "역시 훈련받지 않았기 때문이었어" 하는 느낌을 여러 차례 가지게 된다. 차라리 '논문 편' 에 언급한 'writing style' 등에 숙달하는(master) 것보다 쉬울 수도 있다는 생각이 들 때도 있다.

따라서, 문서로 논문발표를 한 적은 있지만 구두발표는 해본 적 없는 사람도 반드시 도전해 보았으면 한다. 구두발표는 청중의 생생한 반응이 분명히 전해져 오므로, 배우들이 "한번 무대에 서면 멈출 수 없다" 고 말하는 것과 같이, 굉장히 만족감을 얻기 쉬운 논문발표의 방식이기 때문이다. 영어로 하는 구두발표라고 곤란해하며 피하지 말고, 한번 해보면 멈출 수 없는 그 쾌감을 맛보는 것은 어떨까?

그런 의미에서, 본편은 국제회의 초심자가 연구발표를 하는 상황을 설정하여, 필요한 준비와 구체적인 발표의 방법, 주의사항을 설명해 나가도록 하겠다. 초심자이기 때문에 좌장(座長)이나 사회자(chair)의 위치에서 하는 발언이나 연설(speech)은 다루지 않는다. 또, 보통 일반인의 연구 발표에 집중하며, 초청 강연(invited talk)이나 회의 중간에 개최되는 환영회(reception)에서 이뤄지는 연회 연설(banquet speech) 등도 대상 밖으로 했다.

또한, 기본자세는 '논문 편' 과 완벽하게 동일하다. 구두발표의 경우도 청중의 이해가 최우선이다. 청중에게 서비스할 수 있는 최선을 다하고, 이해시키기 위한 노력을 적극적으로 해야 한다. 구성(organization)에 대한 생각도 완전히 동일하다. "Tell' em what you' re going to tell' em, tell' em, then tell' em what you told' em." 이다. '이해 편' 과 '논문 편' 에서 지겨울 정도로 언급한 '확실하게 말하기', '맨 처음 말하기' 등의 원칙은 어떤 경우에도 들어맞는다. 벌써 잊어버린 분은 다시 한번 '이해 편' 제 2장을 읽고, 기억을 새롭게 하여 '구두발표 편' 을 시작하기 바란다.

본편에서는 먼저 발표의 준비단계에서 고려하지 않으면 안 되는 것들부터 이야기 하려고 한다. 청중의 분석(제 2장)부터 시작해서 논문의 구두발표와 문서발표의 차이를 확실히 인식시켜 두겠다(제 3장). 제 4장에서는 현실적인 발표 방법을 원고와 관련시켜 검토한다. 그것들을 통해서 제 5장과 제 6장에서는 구두발표용 원고 작성을 전체의 흐름을 좇아가면서 해설한다.

실제로 청중에게 발표하는 경우(전달: delivery)의 문제점은 제 7장부터 제 10장에서 다룬다. 각 유의사항은 발음의 문제도 포함하는 음성의 문제와 음성 이외의 문제로 나누어서 생각해보기로 한다.

질의응답이라고 하는 것도 불확정된 요소를 내포하고 있다는 점에서 성가신 존재이다. 제 11장에서 그 대응방법 등을 해설한다. 또한, 제 12장에서는 시간 배분, 시간 내에 마치는 것에 대한 배려를 시간 관리(time management)로 정리한다.

제 13장에서는 시각 (보조) 도구(visual aids = 영상 도구: 시각을 이용하는 도구나 기기)가 강연의 조력자로써 본래의 힘을 발휘하기 위한 영상원고 작성법과 사용법을 생각해본다.

제 14장에서 예행연습의 필요성과 중요성을 강조하고, 복습의 의미를 담은 점검표(check list)를 게재한다. 또한 실전에서 마음가짐 등을 언급하고 본편을 마치고자 한다.

2. 청중의 분석

구두발표 원고를 작성하기 전의 준비단계에서 반드시 생각하지 않으면 안 되는 것들이 몇 가지 있다. 먼저 구두발표의 목적을 생각하지 않으면 안되지만, 여기에서는 국제회의의 연구발표로 한정되어 있다. 다음으로 생각해야 할 것이 발표를 하는 상대, 즉 청중이다.

2.1 인원수

먼저 인원수이다. 10인에서 15인의 적은 청중이라면 쌍방향의 의사소통(communication)을 취하기 쉽고, 강연자와 청중의 신뢰관계도 구축하기 쉽다. 서로 간에 친근한 분위기가 곧바로 형성되기 때문이다. 조그마한 실수도 애교로 넘어갈 수 있고, 곤란한 순간에 청중 중 한 명이 도와줄지도 모른다. 학회라고 하는 딱딱한 장소에서도 다분히 격의 없는 느낌이 들 수 있는 것이다. 이것이 100명, 200명이 되면 그렇지만은 않다. 의사소통은 일방적인 방향으로 되고, 꽤나 딱딱한 분위기가 끝까지 이어질 가능성이 높다.

따라서, 인원수에 따라 준비의 방법도 그 나름에 맞게 생각하지 않으면 안 되는 것인데, 현실적으로는 학회 등의 경우에 연구발표 강연에 청중이 얼마나 올지 짐작할 수가 없다. 학회에 따라서는 희망하는 청중 인원수를 친절히 물어봐 주기도 하지만, 그렇다고 희망하는 대로 되는 것은 아니다. 따라서, 정확한 인원수는 추정하기가 힘들지만, 그 학회의 규모나 연구의 내용, 자기자신의 지명도 등을 분석하여 예상해 두는 것이다. (발표일자가 아주 가까워져서 실제로 발표할 장소가 정해지면, 그 수용 가능인원에서 최다 가능인원을 알 수 있다.) 중요한 것은 인원수에 따라 쌍방향성이나 형식성(formality) 등에 다소의 차이가 생길 수 있음을 인식하고, 임기응변으로 대처가 가능하도록 마음의 준비를 해누는 것이다.

2.2 예상되는 반응

다음으로 생각해두지 않으면 안 되는 것은 예상되는 청중의 반응이다. 얼마나 참신한 아이디어를 제안하려고 하는 것인가, 모두가 '앗' 하고 놀랄 결과의 보고인가, 아니면 당연한 연구결과인가 등에 따라서 청중은 민감하게 반응한다. 강연의 도중에도, 그리고 특히 최후의 질의응답 시간(제 11장 참고)에도, 그 반응은 다양한 모습으로 나타나는 것이다. 논지를 설명해 나갈 때에도,

예를 들어, '앗' 하고 생각할 거라고 예상되는 부분에서는 오해가 없도록 시간을 할애하거나, 너무 당연하고 재미없는 부분은 과감히 줄이는 등의 조절이 필요하다.

물론 이렇게 예상되는 수신자(受信者) 측의 반응이라고 하는 것은 문서에 의한 논문발표의 경우에도 중요하지만, 구두발표는 청중의 반응이 바로 전해져 오기 때문에 바로 능숙하게 대응하느냐 못하느냐는 부끄러움을 당하느냐 당하지 않느냐 하는 큰 문제와 직결된다. 따라서 그 나름의 준비도 필요하다는 말이 된다. 생각할 수 있는 최악의 시나리오를 예상하여, 그럴 때 자신의 대응방법을 생각해두고, 예상되는 최악의 질문의 목록을 작성(list-up)하여 그것에 대한 답변 방법을 생각해두는 등, 준비의 방법은 여러 가지가 있을 것이다.

발표하려고 하는 내용으로부터 어떤 반응이 나올까 하는 예상에 대하여 지금 설명했는데, 그 밖에도 발표자의 처지에서 예상할 수 있는 반응도 있다. 예를 들어, 그 분야에서 지명도가 높은 권위자가 발표하는 것과 이름도 없는 연구자가 발표하는 것은, 같은 내용이라도 청중의 반응이 다르다. 후자의 경우는 '이해 편' 에서 이야기한 신용(credibility)의 확보가 급선무가 되기 때문이다.

영어를 모국어로 하지 않는 일본인이 발표한다고 하면, 다소의 문법적인 결함이나 발음의 문제에도 청중이 관대할 것이 예상된다. 물론 그것 때문에 어리광을 부릴 수는 없지만, 필요 이상으로 신경 쓸 필요도 없다.

이렇게 청중이라고 하는 것은 살아있는 인간이기 때문에, 청중이 강연자에 대해 포용하는 심정적인 부분이 충분히 고려되어야 한다.

2.3 이해도(理解度)

인원수나 예상되는 반응도 고려의 요점이 되지만, 무엇보다 중요한 것이 청중이 어느 정도의 지식을 가지고 있는가 하는 것에 대한 배려이다. 자기가 이야기하고자 하는 것에 대해 어느 정도의 이해도를 가진 청중인가를 연구해두는 것은 청중의 이해라고 하는 최대목표를 생각할 때 대단히 중요하다.

자기의 이야기를 들어주는 청중은, 애당초 그 학회에 참가하고 있는 사람들이라는 점에서 꽤 제한적인 그룹이라고는 말할 수 있다. 또한, 학회 등에서 발표의 개요가 예고되어 있는 것이 보통인 것을 생각하면, 그 방면에 조예가 깊은 사람들이 모일 것이라고 충분히 생각해볼 수 있다. 그러나, 같은 분야라고 하더라도 세분화되어 점점 진보와 변화를 거듭하고 있는 현실에서는, '이것은 상식' 이라고 하는 선을 간단히 그을 수는 없다. 어느 정도까지를 당연히 알고 있는 것으로 간주할 것인가, 어디를 어느 정도 파고 들어가서 설명할 것인가를 결정하는 것은 꽤 어려운 일이다.

어떻게 해도 판단이 어려운 경우에는 '모른다' 고 하는 것을 전제로 하는 편이 좋다. (자기에게는) 간단한(간단하다고 생각되는) 것을 설명하면, '이런 건 다 알거든' 하고 청중에게 꾸짖음을 당하는 것이 아닐까, 바보 취급 당하는 것이 아닐까 하고 걱정되는 기분은 안다. 그렇지만 몇 번이나 강조했듯이, 우리의 목적은 청중을 이해시키는 것이다. 알고 있는 것을 설명해주는 '괴로움' 보다 모르는 채로 이야기를 듣게 하는 '괴로움' 이 훨씬 더 크다.

게다가, 이렇게 바보 취급을 당하지 않을까 하는 염려는 국제회의의 무대에서는 거의 할 필요 없다고 말할 수 있다. 오히려, 어려운 단어나 개념(concept)을 어떠한 설명도 없이 진행해가는 것을 보고 '어려운 것을 말하면서 혼자서 신이 났네' 하고 바보 취급을 당하는 것을 걱정하는 쪽이 낫다

국제회의의 청중은 그런 점에서 일본인의 청중과 다르다. 일본인은 어쨌든 자기가 이해할 수 없는 강연을 들으면 '대단히 좋은 것을 들었다' 며 감사히 여기는 경향이 있다. 이것을 좋게 해석하면, '이해 편' 에서 설명한 수신자 측의 책임이라고 하는 가치관에 따라, 이해를 못하는 것은 내 탓이고 내가 알지 못하는 대단한 강연이라고 생각하는 것이다. 그러나 나쁘게 이야기하면, 청중을 어리둥절하게 만들고 혼자서 기쁨을 느끼는 나쁜 전통의 습관이라고 할 수 있다. 국제무대에서는 이런 것은 절대로 통용되지 않는다. 청중인 자신이 이해할 수 없는 것은 강연자가 이해할 수 있게 설명하지 않기 때문이라는 식으

로 생각한다는 것은 '이해 편' 에서 설명한 대로다. 아무리 훌륭한 연구내용이라 하더라도 평가는 나빠진다. 이해할 수 없기 때문에 평가가 낮을 수 밖에 없다는 냉정한 반응이면 그나마 다행이고, '저건 안 된다' 하는 엄한 평가를 받는다. 반대로, 그 정도로 훌륭한 연구가 아니더라도 청중이 잘 이해할 수 있으면 대단히 높은 평가를 받는다. 그들은 무척 만족하여 '좋은 강연을 들었다' 라고 생각한다. 역시 청중의 이해라고 하는 것은 최우선으로 해야 할 과제라는 것을 잘 알 수 있을 것이다.

또한, 자기의 연구라고 하는 것은, 당연한 말이지만, 자기가 계속하여 이끌어 온 것으로써, 그것만 생각하여 그 방면에 대단히 박식해져 있기 마련이다. 강연자 본인은 전문가 중에서도 전문가인 것이다. 그것만으로도 '이것은 알고 있다' 고 하는 척도에 대해서는 꽤나 편중되어 있다고 스스로 경계하고 삼가지 않으면 안 된다. 갈피를 못 잡을 때에는, 척도를 '모를 것이다' 라는 쪽으로 조금 옮겨서 생각하는 것이 좋다.

이렇듯, 청중의 이해도를 사전에 생각해 두는 것, '알고 있다' 는 쪽 보다는 '모른다' 라는 것을 전제로 하는 것이 대단히 중요하다. 이것은 청중에게 서비스한다는 기본적인 자세에서 오는 것이다. 부디 발표자가 건방진 태도를 취하여 청중의 심기를 불편하게 하는 일은 없기를 바란다.

3. 구두발표와 문서발표의 차이

구두 발표용 원고를 준비하는 것도, 문서 발표용의 원고를 준비하는 것도, 기본적으로는 태도나 작성법에서 차이가 없다. 단, 한쪽은 음성, 다른 한쪽은 문자라고 하는 전달 방법을 취한다는 점에서 구별된다. 문서 발표하는 발상으로 구두 발표용 원고를 작성하는 안이한 자세는 절대로 안 된다. 그럼, 구두발표와 문서에 의한 발표는 어떤 점이 다를까? 이 점을 설명하고 구두 발표용 원고 작성의 마음자세와 구두발표의 특징을 생각해 보자.

3.1 내용량

먼저, 내용의 양이 구두발표에서는 대단히 제한된다는 점을 마음에 새기지 않으면 안 된다. 통상, 이공계의 연구발표(초청 강연(invited talk)은 제외)에 주어지는 시간은 10분에서 20분이다. 어떤 스피치든 한번이라도 스피치를 해 본 사람이라면, 그것이 고도의 내용을 가진 것을 전하기에는 너무나 짧은 시간이라는 것을 인식할 수 있을 것이다. 결혼식의 스피치 등에서 '짧은 스피치가 최상의 스피치' 라는 것을 알면서도, 다들 아무리 노력해도 길어지는 것은 음성에 의한 선달에서 소요되는 시간을 과소평가하기 때문이다. 결코 많은 것을 이야기할 수는 없다고 자신에게 말해두는 것이 필요하다.

자기자신의 연구에는 모두들 애착을 가지고 있기 때문에, 이것도 했고 저것도 했다고 보고하고 싶은 것이 당연하다. 하물며 동경하던 국제무대라고 하면, 이것도 저것도 모두 알리고 싶은 의지가 생기는 것도 무리는 아니다. 그러나, 이렇게 하면 큰 실패를 하게 되는 것은 너무나 뻔한 일이다. 예를 들어, 어떤 방법으로 (생각하기 조금 어렵지만) 시간 내에 마치는 것이 가능했다고 하더라도, 청중의 이해를 얻는 것은 불가능하다. 하나의 문단에 이것저것 모두 채워 넣으면 도대체 무엇을 얘기하고 싶은 것인지 알 수 없는 것과 마찬가지다. '말하고자 하는 것은 단 한가지' 라는 엄격한 규칙을 가지고 있어야만 한다.

내용이 제한된다는 것은, 설명의 범위와 깊이도 제한된다는 것을 의미한다. 나중에 너무 깊이 들어가지 않도록 엄밀하게 조건을 붙여 설명한다든가, 상세한 경위를 설명한다든가 하는 것이 희생되는 것도 어쩔 수 없다. 정말로 부족했던 부분은 나중에 질의응답을 통해 보완되는 것이다. 어떻게든 말해두지 않으면 앞으로 나갈 수 없는 최저한의 사항과 논리상의 절차 이외에는 말하고 있을 시간 여유가 없다. 게다가 문자의 도움 없이 음성만으로 내용을 파악해 가는 작업은 아무리 머리가 좋은 학자들이 모이는 학회라고 하더라도 한계가 있다. 모든 것을 단순하게 하여 청중이 간단하게 이해할 수 있도록 배려를 하지 않으면 안 된다. 여하튼 구두발표는 상세한 내용을 말하는 장소가 아니라는 것을 확실히 구별할 필요가 있다. 상세하게 말하거나 엄밀히 규정하거나 하는 것은 문서발표에 한해서 하는 것이 좋다.

'조금 전에 청중은 알지 못한다는 것을 전제로 하라고 말했다. 그렇다면 이것저것 설명하지 않으면 안 되는 것이 아닌가?' 하는 의문이 생길지도 모른다. 그러나, '그렇기 때문에' 그렇게 하는 것이다. '모르기 때문에' 여분의 설명은 필요 없다(조금 실례되는 말 같긴 하지만). '모르기 때문에' '단순'을 마음에 새기고 청중의 이해를 돕지 않으면 안 된다. 물론 필요한 최저한의 용어나 개념은 설명하지 않으면 안 된다. '그렇기 때문에' 본래의 줄기에서 조금이라도 벗어난 것이나 다른 사항을 말할 여유가 없는 것이다.

문서 발표용으로 작성한 것을 구두 발표용으로 바꾸려고 하는 경우, 이 내용량에 관해서 주의를 기울일 필요성은 두 말 하면 잔소리이다. 앞에서 말한 것 같이, 우리는 음성에 의해 전달 가능한 용량을 과대평가하는 경향이 있다. 반대로 문서는 구두와 비교하면 상당한 내용을 포함할 수 있는 것이다. 따라서, 문서 원고에 적혀있는 요점(point)을 음미하여, 구두발표에서 다룰 주된 요점(main point)을 단 한 개만 선택해내는 작업을 게을리해서는 안 된다.

3.2 일과성(一過性)

구두발표와 문서발표의 두 번째 차이점은, 구두의 경우 귀로 얻은 정보는 일과성을 가지고 있기 때문에 돌이킬 수 없다는 것이다. 그렇기 때문에 주의해야만 하는 것들이 몇 가지 있다.

먼저, 자신이 얘기할 주제, 다시 말하면 강연의 뼈대를 끊지 않고 새겨서 청중에게 주제를 언제나 의식시키지 않으면 안 된다.

책이라면 먼저 목차가 있어서 전체를 훑어보는 것이 가능하다. 또한 장과 절, 항이라고 하는 하위 분류도 있고, 제목에는 숫자가 써있기도 하고, 굵은 문자로 표시되어 있기도 하고, 중앙 정렬이 되어 있기도 해서, 지금 읽고 있는 곳이 전체 중 어느 부분에 해당하는 것인지, 이전 부분과 이 부분은 어떤 이어짐이 있는 것인지, 다음은 어느 방향으로 전개되어 나갈 것인지 등을 시각적으로 확실히 파악하고 의식하는 것이 가능하다. 읽는 사람은 잘 모르겠으면 목차를 다시 뒤져보는 일도 가능하고, 제목을 보고 그 밑에 적혀 있을 요점을 알 수도 있다.

그런 기능을 구두로 감당하려면 역시 궁리와 주의가 요구된다. 내용이 어떤 식으로 진행되고, 각 내용들이 어떻게 관련되어 있는지, 그것을 언어로 하지 않으면 안되기 때문이다. 이야기의 구성을 강조하고, 내용 전환하는 것(transitions)을 문서 이상으로 명확히 해둘 필요가 있다.

먼저, 서론(introduction) 부분에서 각 항목의 발표순서를 말해 둔다(5.1절 참조). 청중에게 '이런 식으로 이야기가 진행되어 갑니다.' 하고 예고해 두는 것이다. 책으로 말하자면 목차에 해당한다. 새로운 항목으로 옮겨갈 때에는 연결어구(transition words)를 사용하여 선언해 두지 않으면 안 된다. 말하자면 문서에 있어 작은 목차나 지면 배정(紙面 配定: layout)을 말로 하는 것이다.

그런 것 때문에 필연적으로 반복이나 중복하여 말하는 것이 많아지는 특징도 있다. 새로운 항목으로 들어갈 경우에는 지금까지 말해온 것을 요약하여 반복하고, 지금부터 다룰 내용을 말해 둔다. 문서의 경우에는 '논문 편' 에서 적었던 것처럼, 주제 문장 (topic sentence) → 뒷받침 문장 (supporting sentences) → 맺는 문장 (concluding sentence) (다시 한번 강조하지만 주제 문장 = 맺는 문장) 중 마지막 부분인 맺는 문장은 번잡해 지기 때문에 생략해도 좋지만, 구두의 경우 이 부분의 정리와 반복은 번잡하더라도 꼭 필요한 부분이다. 한번 귀로 들었다고 바로 머리에 남는 것은 아니다. 반복에 반복을 거듭하여 정리해서 진행함으로써 점차 청중에게 이해시키는 것이 가능해지는 것이다.

좀 더 작은 단위로 해도 그렇다. 핵심어(key words)를 반복해서 사용하거나, 같은 내용을 다른 방법으로 설명하거나 간단한 내용으로 바꾸는 등의 기술이 중요하다. 즉, 같은 내용을 2중, 3중의 노력을 기울여서 이해시켜 나가는 작업을 쌓는 것이다. 이런 것을 생각하면 10분, 20분이라는 시간에 '말하고자 하는 것은 한가지' 라는 앞에서 이야기한 견적(見積)은 절대로 심한 것이 아니라는 것을 알 수 있을 것이다. '이렇게 하면 말하고 싶은 것 한가지조차 말하지 못하는 게 아닐까?' 라는 위기감(危機感)을 가지는 정도가 딱 좋다.

이상 보아온 것처럼, 구두의 경우는 문서 이상으로 정보를 받아들이는 데 대한 친절과 배려가 필요하다. 이것을 확실히 확인해두고 싶다.

3.3 형 식 성 (Formality)

이렇게 써내려 가다 보면 엄격한 현실뿐이어서, 구두발표할 기분이 시들해진 독자가 많을지도 모르겠다. 그러나, 조금 기다려주길 바란다. 구두발표에는 나름의 이점도 많기 때문이다.

연구발표 강연은 아무리 학술회의라고 하는 공식적인 장소에서 이루어진다고 하더라도, 글로 쓴 것에 비교하면 상당히 허물 없는 상태가 된다. 말하는 언어는 쓰는 언어에 비해 형식성(形式性: formality)의 정도가 낮기 때문이다. 형식성이 낮기 때문에 생기는 좋은 것들도 꽤 있다.

먼저, 학술논문에서 요구되는 것 같은 치졸함 없는 세련된 문장을 구사할 필요가 없다. 도리어 복잡한 구조의 문장은 귀로 듣는 것만으로는 머리 속에 들어가기 힘들다. 짧고, 간단한 것이 좋다는 말이 된다. 따라서 제일 단순한 구조의 단문을 이어 나가도 상관없는 것이다. 그렇게만 하는 것은 문제가 있겠지만, 복잡한 것을 피해갈 수 있다는 점은 감사 할만 하다.

또 다른 이점을 말하자면, 학술논문에서는 객관성을 중요히 여기기 때문에 I 나 we를 사용하는 것을 피하고, 그것을 회피하여 수동문으로 작성하는 일이 많다고 '논문 편' 에서 이야기 했는데, 구두발표에서는 I 나 we를 주어로 한 능동문을 주저 없이 살릴 수 있다.

이것이 허용된다고 하기보다는 오히려 이런 스타일을 사용하는 것이 좋다고 말하는 데에는 몇 가지의 이유가 있다. 먼저, 누가 뭐라 하더라도 강연자가 눈 앞에 있기 때문에 자기자신을 가리켜서 'I' 라고 하는 것은 매우 자연스럽다. 자기가 청중의 앞에 있는데도 불구하고 구문 면에서 그것을 숨기는 것은 역시 부자연스럽다.

덧붙여, 수동문보다 능동문이 간단하고 이해하기 쉬운 구문이라는 것도 중요한 이유이다. 청중의 이해라는 대원칙에 따르는 것이 된다.

또, 구두발표에서 하나의 중요한 열쇠는 얼마나 강연자와 청중 사이에 친밀한 관계를 만들어 나가는가 하는 것이다. 강연자가 서먹서먹한 태도로 있으면 신뢰관계는 물론 구축되지 않는다. 강연자 개인을 내세워서, 자신을 'I' 라고 부르며 한시라도 빨리 청중과 개인적인 친밀관계를 만들 필요성이 있는 것이다. 덧붙여서, 1인의 연구인데 일반성을 가진 듯 이야기하거나, 자신을 'we' 라고 부르는 사람을 보게 되는데, 이것은 역시 이상하다. 청중은 실물 본인을 눈앞에 두고 있고, 사실은 'I' 인데 'we' 라고 부르는 것은 불성실하게 느껴진다.

한편, 일과성이라고 하는 문제를 역으로 생각해보면, 다소의 문법적 오류에 대해 묵과될 수 있다는 이점이 있다. 사람은 일반적으로 글에 대해 엄격하지만, 입으로 말한 것에 대해서는 너그럽다. 바로 사라져 없어져버릴 것에 대해 그렇게 트집을 잡지 않아도 되겠지 하는 심정일 것이다. 따라서 문법상의 실수도, 만약 의사소통에 지장이 없고 외관만의 문제라면, '논문 편' 에서는 엄격하게 강조했던 '삼 · 단 · 현' 등도 '앗? s를 붙여야 했던가?' 하며 신경 쓸 필요는 없다. 물론 원래는 중요하지만, 구두발표의 경우에는 우선순위가 확 낮아지는 것이다. 구두발표에서는 그런 것보다 내용을 전달하는 것에 집중해서, 다소의 문법적 오류를 범한 것에 대해서는 타격을 받지 말고 청중을 이해시키는 것이 선결과제이다.

마지막으로 들 수 있는 이점은 국제회의의 청중은 일본인 청중에 비해 상당히 격식 없는 편(informal)이라는 것이다. 특히 미국에서는 그러한 경향이 뚜렷하다. 일본인은 학회, 그것도 국제회의라고 하면 필요 이상으로 긴장하거나 자세를 갖추려고 한다. 그것도 문화적 토양에서부터 비롯된 태도(style)이기 때문에 옳고 그름의 문제는 아니지만, 영어를 사용하는 국제회의에서는 일본인은 조금 더 긴장을 풀어도 좋을 것이라고 생각한다. 이러한 공식적인 큰 무대에서 실수라도 하면 어떻게 하나 하고 지나치게 걱정하지 않아도 된다. 앞에서 얘기한 것처럼 청중의 인원수에 영향을 받기는 하지만, 약간의 실수는 애교로 봐주는 분위기가 태반이다. 이렇듯 화기애애한 분위기도 강연자가 자신이 선도하여 만들어 나갈 수 있는 것이기 때문에, 자기 자신이 그렇게 될 수 있도록 이끌어 나가면 되는 것이다. 구두발표는 문서발표와 비교했을 때 의외로 쉬울 수 있는 것이다.

3.4 언어 이외의 요소

말하는 언어는 답답할 수 있다는 단점이 있는 반면, 몸동작과 손동작을 사용할 수 있고 얼굴 표정도 보여줄 수 있으며, 잠깐 말 사이를 띄우는 등 언어 이외의 요소를 활용할 수 있다는 좋은 점도 있다.

어떤 식으로 이런 것들을 이용할지는 제 10장에서 상세히 다룰 예정인데, 예를 들어 내용전환(transition)을 표시하는 경우, 말로 하는 것뿐만 아니라 조금 길게 쉬기(pause)를 함께 사용하는 등의 기교도 사용 가능하다. '이것을 봐주십시오' 하고 말로 하는 것과 동시에 손가락으로 가리키는 것도 가능하다. 부드러운 표정을 짓고 (미소 짓고) 청중을 바라보며 제 7장에서 얘기한 의미의 '자신감' 을 나타낼 수도 있다.

물론 청중이 나타내는 언어 이외의 사인도 있기 때문에, 이것을 보고 이용할 수도 있다. 청중이 코앞에 있기 때문에 그들의 생생한 반응을 보면서 이야기를 진행시켜 나가는 것이 가능하다는 것이다. 청중이 졸기 시작하면 조금 큰 목소리로 이야기 할 수도 있다. 미간을 찌푸리고 바라보거나, 반복하거나, 돌려 말하거나, 앞으로 되돌아가는 것도 자유다. 자신의 불충분한 준비를 수정해가면서 진행하는 것이 가능하기 때문이다.

이렇듯 구두발표에는 문서발표에 없는 언어 이외의 요소가 추가되기 때문에, 이것을 강연자에게 유리한 점(plus)이 되도록 꼭 활용하기 바란다.

4. 원고와 발표방법

그러면, 여기서 구두 발표용 원고를 실제로 발표하는 경우에 어떤 식으로 사용할지, 원고와 발표방법 사이의 연관성에 대해서 생각해보고, 현실적으로 어떤 방법이 좋을까를 검토해 보도록 하자.

4.1 발표방법

구두 발표용 원고를 사용하여 실제 구두발표하는 방법으로, 다음의 3 가지를 생각해 볼 수 있다.

(1) 원고를 통째로 암기하여 원고를 보지 않고 발표함.
(2) 원고를 있는 그대로 읽음.
(3) 개요(outline) 형식으로 적은 메모를 바탕으로, 즉석에서 문장을 만들어 가면서 발표함.

(1)은 그다지 좋은 방법이라고 말할 수 없다. 어린 고등학생 시절이라면 모를까, 나이가 들면 통째로 암기하기가 어렵다. 10분, 20분이 짧다고 하더라도, 필기한 것으로 따지면 상당한 페이지 수가 된다. 설사 암기할 수 있다 하더라도, 배우가 아닌 이상 통째로 외운 강연(speech)은 학예회에서 어린아이들이 하는 대사처럼 부자연스럽다. 듣는 쪽은 괴롭다. 또한 두렵게도, 이 방법은 예기치 않은 사태가 발생하면 머릿속이 하얗게 변하면서 아무것도 말할 수 없게 될 위험성이 있다. 발표의 한 부분이 완전히 사라져버리는 일도 생길 수 있다.
(2)는 발표하는 사람 입장에서는 가장 쉽고 안심할 수 있는 방법이다. 그러나 이것도 좋은 방법이라고 말하기는 어렵다. 이것 또한 낭독하는 테크닉에 정통한 배우가 아니면 억양 없는 단조로운 읽기가 되고 만다. 수상(首相)의 소신(所信) 표명 연설에 흥미를 가지고 끝까지 듣는 사람이 과연 몇 명이나 될

까? 단어 하나 잘못 말해도 일이 커지는 정치가에게는 나름대로의 '읽어 드리기' 의 근거가 있을지도 모르겠다. 하지만 연구발표의 강연은 '형식성' 절에서도 이야기 한 것처럼 그 정도로 엄격한 성격의 것이 아니다.

또한 이 '읽어 드리기' 방식(style)의 결정적인 결점은 강연자와 청중 간의 눈맞추기(eye contact)를 할 수 없다는 것이다. 10.2절에서 설명하겠지만, 눈맞추기는 청중과 유대관계를 형성하는 것 이전에 신용을 얻기 위해서도 중요한 역할을 한다. 눈맞추기가 없으면 본래 쌍방향이어야 하는 구두발표가 멋대로 정보가 전해지는 일방적인 것으로 변질되고 만다.

개요(outline)를 기초로 이야기를 진행하는 (3)의 방법이 이상적이라고 말할 수 있다. 청중을 훑어 보면서 눈맞추기를 할 수 있다. '원고를 의지하지 않더라도 머리 속에 내용이 들어있다. 본인이 소화하고 있는 내용이다' 라고, 이른바 '가능성 있는 녀석' 이라는 신뢰를 얻을 수 있을 수도 있다. 청중을 보고 있기 때문에 그들의 반응에 민감하게 대응하고, 그때그때 단어를 선택해 가면서 생생한 어조(tone)로 이야기하는 것이 가능하다. 내용은 개요를 가지고 있으므로 필요 사항을 놓칠 일도 없고, 이야기의 주제로부터 벗어날 일도 없다. 또한 숫자나 상세한 내용도 메모를 보면서 정확히 이야기하는 것이 가능하다. 이 방법을 사용하면 통째로 원고를 작성할 필요가 없고, 개요를 만들기만 하면 충분하다. 시간도 절약되는 것이다.

4.2 현실적인 방법

그러나, 구두발표의 경험이 없는 초심자나 영어에 그 정도로 자신이 없는 사람은 즉석에서 단어를 선택하면서 말하는 것이 어려울 것이다. 단어가 떠오르지 않으면 어떻게 하나 하는 심리적 압박이 크다. 특히 구두발표가 처음인 사람에게 이 방법은 가혹하다는 생각마저 든다. 확실히 (3)의 방법은 연설이나 강연(speech)의 방법으로써 이상적이다. 그러나 이대로의 방식을 초심자에게 요구하다가는 폐해가 더 클 것으로 생각된다. 그래서 타협안 (3)' 을 익히도록 하자.

적절하고 더 나은 표현을 사전(事前)에 준비하기 위해서라도, 시간을 벌기 위해서라도, 먼저 처음부터 끝까지 구두 발표용 원고를 작성한다. 구두 발표용이라고 굳이 표현한 것은 문서 발표용으로 작성하는 것이 아니라는 것을 강조하고 싶기 때문이다. 제 3장에서 이야기한 구두발표와 문서발표의 차이를 철저히 인식한 후에 작성을 시작한다. 작성이 끝나면 원고의 퇴고를 거듭한다. 만족할 만한 수준이 되면 읽어 보며 시간을 잰다. 이 시점에서 삭제하거나 추가하는 등의 시간조절이 필요하다. 이것을 기초로 개요 형식의 메모를 작성한다. 이것을 상연 개요(speaking outline)라고 부르는데, 작성법이나 내용 등의 상세한 것은 제 6장에서 설명하겠다. 이렇게 완성된 개요 원고를 바탕으로 발표하는 방법이 타협안으로 생각해 볼 수 있다.

그런데, '개요를 담은 원고만으로 무대에서 영어가 입 밖으로 나올 수 있을까' 하고 걱정하는 독자가 많을 것이다. 그리하여 다음과 같이 연습을 하도록 한다. 개요가 완성되면 다시 한번 한 자 한 구 적어놓은 원래의 원고로 돌아가서, 그것을 소리 내어 몇 번이고 읽어본다. 이 때에는 제 7~10장에서 얘기할 전달(delivery)에 대한 주의사항을 점검(check)하면서 읽는 것이 중요하다. 몇 번이고 읽어서 외워버릴 정도가 되면, 이번에는 개요를 보며 이야기해 본다. 아마도 충분히 가능할 것이라고 생각한다. 물론, 완벽히 같은 단어를 쓸 필요는 전혀 없다. 개요에 적혀 있는 내용이 문장이 되어 입으로 나오면 그것으로 된다. 통째로 외우기 위해 읽기를 반복하는 것은 전혀 아니다. 말이 잘 풀리지 않는 부분이 있으면 원래의 원고를 점검하고, 다시 그 부분을 몇 번이고 읽어본다. 이러한 예행 연습(rehearsal)을 반복해 나가면, 10분에서 20분 정도의 발표는 초심자라도 충분히 원래의(original) 원고 없이 해낼 수 있다.

이렇게 얘기하더라도 '아니야, 개요만으로는 절대 안돼. 무리야, 무리' 하면서 구두발표에 대한 도전을 간단히 포기해 버린다면, 필자로써 무척이나 안타까운 일이다. 여기서 최대한의 양보를 한다고 치자. (2)번 방법도 괜찮다고 하자. 단, 조건이 있다. (타협안에는 조건이 딸리기 마련이다.)

먼저 제 1의 조건. 구두발표용 원고를 작성할 때, '말하는 언어(구어체)' 와 '쓰는 언어(문어체)' 의 차이를 충분히 고려하여, 자신이 무대 위에서 청중을 앞에 두고 있는 모습을 상상하면서 작성해 나가는 것이다. 예를 들어, "Well, you see, the reason we have to use force control is that ~" 에서 'well', 'you see' 처럼 회화에서 잘 사용되는 끼워 쓰는 말(filler)까지 포함하여 (물론 과도한 사용은 금물이지만) 생생한 느낌으로 작성하는 것이 조건이다.

제 2의 조건. 청중과 눈맞추기(eye contact)를 놓치는 일이 없도록, 원고에서 눈을 자주 뗄 수 있는 여유가 생길 만큼 원고를 반복하여 읽어두는 것. 눈맞추기의 중요성은 이미 지적한 대로다. 그 밖에 언어 이외의 요소 등도 십분 활용 가능하도록, 원고에 의지하지 않고도 여유가 생길 만큼 연습을 반복하는 것이 조건이다.

원고를 물리적으로 어떻게 적을까, 하는 것도 이 방법을 택한다면 연구하지 않으면 안 된다. 글자체(font)는 크게 하고, 여백도 충분히 두고, 3줄 간격(triple space)을 쓰는 등, 눈을 들었다 내렸다 하더라도 바로 글자가 눈에 들어오도록 해두지 않으면 안 된다. '음- 어디까지 읽었더라' 하는 것은 있을 수 없다. 그 외에도, 언어 이외의 큐(cue)도 적어 둔다. 예를 들어, 여기서 잠깐 쉬어 간다든가, 여기서 목소리를 높인다, 여기서 살짝 미소를 짓는다 등을 적어 두면 '읽어 드리기' 에 잘 드러나는 단조로움이나 딱딱함은 피할 수 있을지도 모른다.

이런 양보를 한 것은, 이러나 저러나 일본인 모두가 국제무대에서 우수한 연구를 발표했으면 좋겠다고 생각하기 때문이다. 한번 경험을 하고, 그 장점을 맛보고, 경험에 따라 다음 기회에 대한 의욕을 한층 더 증폭시켜서, 자기만의 방법으로 걸음을 내디딜 수 있으면 좋겠다고 생각하기 때문이다.

그렇지만 (3)을 기본으로 한 타협안 (3)' 가 좋은 것은 사실이기 때문에, 이후의 해설은 주로 (3)의 연장선상에서 접근하도록 하겠다.

'어쨌거나 결국, 엄청난 준비가 필요한 거군요' 하고 이야기하실 분에게는, 초심자는 역시 겸허히 어느 정도의 시간 투자를 해야 한다고 대답할 수 밖에 없다. '머리말' 에서 언급한 것처럼 영어로 학술논문의 강연을 한다는 것은 역시 대단한 프로젝트임에 틀림이 없다. 일본인이기 때문에 영어는 모국어가 아니고, 말하는 연습도 되어있지 않다고 하는 이중고(二重苦)를 극복해보자는 것이다. 역시 나름대로의 준비를 하지 않으면 성공을 맛볼 수 없다는 것이다.

단, (3)' 의 방법은 한번도 무대에 서본 적이 없는 사람을 위해 생각한 것이기 때문에, 영어에 자신이 있는 사람이나 이미 경험이 있는 사람은 처음부터 끝까지 통째로 적은 원고를 작성할 필요는 없다. 그러나, 그렇다고 하더라도 빈틈 없는 준비와 개요에 기초한 연습은 꼭 하기 바란다. 영어권의 사람들은 구두발표의 중요성, 그리고 그것을 위한 준비에 에너지를 쏟는 의의를 너무나 잘 알고 있고, 단순히 영어가 모국어이기 때문에 훌륭한 강연을 하고 있는 것이 아니라는 것을 꼭 생각해주기 바란다.

5. 구두 발표용 원고의 작성

그럼, 구두 발표용 원고를 작성하는 단계까지 왔다고 해보자. 여기서는 원고의 구성을 생각하여 실제로 어떤 식으로 작성하면 좋을지를 강연의 순서에 따라서 설명하도록 하겠다. 마지막에는 정리하는 의미에서 강연 전체의 흐름을 대충 살펴보도록 한다.

구두이든 문서이든, 그 구성(organization)은 영어를 사용하기 때문에 '이해 편' 과 '논문 편' 에서 여러 번 이야기한 것과 달라진 것은 없다. 먼저 서론(introduction) 부분에 말하고자 하는 내용이 오고, 본론(body)에서 그것을 뒷받침, 그리고 말하고자 하는 것을 거듭 강조하는 결론(conclusion)의 샌드위치 형태를 한 '**맨 먼저**' 형이다.

5.1 Introduction (서론)

먼저 첫 말인데(실제로 작성할 때는 제 1 문장이지만, 구두 발표용으로 작성하고 있다는 것을 의식하기 바라는 뜻에서 이렇게 써 보았다.), 사회자가 있어서 그 사람이 자기의 이름이나 소속, 강연 제목(title) 등을 소개해 준다면,

Thank you, Dr.~(사회자).

하고 가볍게 감사(acknowledge)하여 주면 좋다. 초대강연 같은 것이 아닌 이상, 여기서 장황하게 경의를 표하는 것도 어색하다. 사회자가 없는 경우는,

Good morning/afternoon/evening.

으로 시작해서, 그 후 스스로 이름과 소속, 제목 등을,

"I' m~(이름) of/from~(소속). The title of my talk today is ~."

와 같이 간단히 소개해도 좋고, 이러한 정보를 13.3절에서 설명할 오버헤드 프로젝트(OHP)에 표시해서 자기가 직접 말하는 것은 생략해도 상관없다. 소개는 OHP로 비춰서 보여주고 간단히 "Good morning." 이라고 자신이 넘치는 표정으로 청중을 바라보며, 곧바로 연구목적으로 들어가도 효과적이다.

스피치 테크닉의 하나로 '초반에 청중의 마음을 잡는다' 는 것이 있다. 이를 위해 위트(wit: 재치) 있는 말이나 유머러스한(humorous) 것을 이야기해 청중을 웃기거나, 의외의 것을 이야기해서 놀라게 하거나, 이른바 수사학적(修辭學的: rhetoric) 의문을 사용하는 등의 궁리를 통해 먼저 부드러운 분위기를 만든 후 진행하는 것을 생각해 볼 만하다. 그러나, 초심자가 아니더라도, 위트 넘치는 말을 잘 하는 '말하는' 문화권이 아닌 일본인에게 이것을 강요하더라도

성공할 확률은 낮다. 분명 청중과 따뜻한 분위기를 조성하는 것은 필요하지만, 이것을 위해서 다른 방법을 생각해보는 것으로 하고(10.1, 10.2절 참고), 우선은 내용을 빈틈없이 이해시키는 일에 전념하자.

이것에는 무엇보다도 '맨 먼저(첫째의 첫째)' 의 원칙을 지켜서 연구목적과 강연의 주제(말하고 싶은 것)를 최초에 언급하는 것이 좋다.

The <u>purpose</u>/<u>topic</u> of this presentation is to~.

와 같이 확실히 그것이 연구목적이나 주제를 표명하고 있다는 것을 알 수 있도록 표현한다. 구두의 경우 문서 이상으로 확실하게 또 친절하게 이야기하는 것이 중요하다는 것을 생각하기 바란다.

다음으로 introduction에 포함하지 않으면 안 되는 중요한 것은 3.2절에서 이야기한대로 발표의 진행 순서를 예고해 두는 것이다. '이야기하고자 하는 것은 이것입니다. 그것을 위해서 처음에 A에 대해서 설명하겠습니다. 그 다음에 B. 그 다음에는 C. 이 부분에서 조금 구도에서 벗어나지만 C' 을 이야기 하겠습니다. 이것을 이야기해 두면 그 다음에 오는 포인트 D로 들어갑니다. 마지막으로 E를 이야기하고 마치겠습니다.' 이런 식으로 청중의 머리 속에 강연의 뼈대를 그릴 수 있도록 하는 것이다. 여기에는 이공계에서 흔히 사용되는 '블록 선도(block diagram)' 가 편리하다.

연구의 목적이나 말하고 싶은 것의 표명, 그리고 강연의 구조와 중요한 포인트를 청중에게 쥐어 주는 것이 introduction 의 최대 목적이다. 연구의 배경(background)을 서론이라고 생각하고 있는 일본인이 많은데, 그것을 어떻게 해서든지 넣고 싶으면 body의 처음 부분에 가지고 가면 된다. 3.1절에서 설명한 것처럼 그럴 여유가 없을 거라고 생각하지마는. 무엇보다도 청중의 이해를 최대의 목표로 하는 우리에게 introduction 이 승부처다. 이 부분에서 무엇을 언급할까를 틀리지 않는다면 그 목표는 달성될 것이다.

5.2 Body (본론)

Body의 부분에서 주의하지 않으면 안 되는 것은 끊임없이 청중에게 이야기의 줄거리를 따라가도록 하는 것이다. 문서라면, 지금 읽고 있는 부분이 전체의 어느 부분에 해당하는지 모르면 목차나 색인 등을 적절히 이용하여 알아볼 자유가 읽는 사람에게 있다. 청중에게는 그것이 허락되지 않는다. 전체의 구조는 이미 introduction에서 확실히 밝혀 두었다. 하지만, 청중의 기억력을 과대평가해서는 안 된다. 그들은 금새 잊어버린다. '청중에게 친절하게', '청중은 알지 못한다' 는 모토(motto)를 기억하자.

따라서 연결어구(transitions)는 문서 이상으로 중요하다.

Let' s move on to the next point.

This leads us to another question of ~.

등과 같이 여기는 전환-연결(transition)이라고 밑줄로 표시한 것 같이 명확히 알 수 있는 표현을 사용한다.

요약을 중간중간 집어넣는 것도 중요하다. 요약은 conclusion의 부분에서만 하는 것이 아니다. Body의 중간에도 새로운 것으로 옮겨가는 전환(transition) 부분에는 필요하다. 그곳에는 '지금까지의 것' 과 '다음 것' 의 연관을 강조하고, 지금 말했던 것에 요약, 다음에 말할 것의 예고라고 하는 식으로 집요하게 반복하면서 진행하여 간다. 예를 들면,

So far, we have reviewed **the advantages of position control**. Let us now turn to **force control** to take a look at **the contrasting features.**

와 같이 요약-예고와 같은 순서를 밟아서 진행해 나가지 않으면 헛수고이다. 요약이라고는 해도 장황하게 요약을 해놓는다면 요약의 의미가 없다. 더욱이

밑줄 친 부분에 말하고 있는 것이 '지금까지의 요약', '다음의 예고' 라고 확실하게 표명되어 있는 것에도 주목해 주었으면 한다.

Body에서 필요한 여러 가지 기능별에 따른 표현 방법, 예를 들면, 결과나 원인이나 비교를 서술한다, 보기를 든다, 제안을 한다 등등은 예를 든 바와 같이 '표현집' 과 같은 참고서가 많으므로 도움이 된다. 물론 '논문 편' 에서 소개했던(p. 40 참조) 것도 예로 들은 표현 중에서 더욱 구어적인 표현을 선택해 사용한다면 충분히 능숙하게 사용할 수 있고, 구어 · 문서 공통으로 사용할 수 있는 표현도 많이 있다. 그래도 구두발표 전용에 매우 고마운 책이 있어 여기서 소개하고자 한다.

中山(나카야마) 茂: 과학자를 위한 영어 구두발표 방법, 朝倉書店, 1989

구두 발표용 원고를 만들어 두는 가장 큰 이점의 하나는, 이러한 책을 이용해서 각양각색의 말하는 법을 미리 조사해 준비를 갖춰두는 것이 가능하다는 것이다. 실제 상황에서 그 표현을 사용하지 않더라도 상관없다. 그렇지만 준비를 하고 목소리를 내서 여러 번 읽어 둔다면, 원고에 써있는 곳에서 사용하지 않는다 해도 다른 곳에서 갑자기 그러한 표현이 입을 통해서 나올지도 모르는 일이다.

이러한 책을 그냥 읽기만 한나면 그다지 의미는 없다. 원고를 써가는 중에, 본인이 "아아, 지금 이러한 것을 말하고 싶은데, 어떤 식으로 표현하면 좋은 걸까" 하는 장소에 우연히 맞닥뜨리고, 그것을 책에서 발견하고, 실제의 문맥에 맞춰 사용해 보고, 그래야 비로소 몸에 배게 되는 것이다

약간 옆길로 빠졌지만, body 에는 끊임없이 이야기의 순서를 청중에게 이해시키는 것, 문서의 경우 이상으로 전환-연결(transitions)에 신경을 쓰는 것, 요약해 가면서 다음으로 나아가는 것, 표현의 어려움이 있다면 참고서를 이용해서 조사해보는 것이다

5.3 Conclusion (결론)

드디어 끝 부분에 들어간다. 주요한 점들을 요약하고, 처음에 이미 말했던 "말하고 싶은 것"을 반복해서 말하고 끝낸다. 요약을 하면서 여기까지 진행해 왔을 것이겠지만, 끝에는 재차 그 요약의 집대성(총괄)이라고 말할 수 있는 대(大) 요약을 해서 자신이 "말하고 싶은 것"에 연결 짓는 것이라고 청중에게 바꿔서 이해를 시킨다. 이것이 conclusion 부분의 최대 사명이다.

예를 들어, 아래와 같은 표현도 생각해 볼 수 있다.

In conclusion, the following points were made. Number one, ~. Number two, ~. Number three, ~ ……

밑줄 친 부분에서 청중은 "아아, 끝이 가까워 졌구나" 하고 시계로 눈을 옮길지도 모른다. 또 동시에, 내용에 흥미를 가졌던 사람은 귀중한 점들을 놓치지 않으려 집중하기 시작할 것이다. 더욱이 Number one, two, three 라고 말해준다면, 청중은 조목 별로 머리에 정리를 하는 것도 용이하게 된다.

종종 시간 배분을 잘못해서 (제 12장 참조), 최후에 다다라 밀려서 conclusion 의 사명을 다하지 못한 채 body에서 끝나버리고 마는 발표가 있는데, 그것은 마치 꼬리 잘린 잠자리인 꼴이다. 꼬리는 머리와 같이 가장 귀중한 부분인 것을 잊어서는 안 된다. 만약 시간이 없게 된다면 body의 일부분을 줄이는 것이다. 본체의 일부보다 끝 쪽이 우선 순위가 높은 것을 잊지 말기를.

최대의 사명이 완수된다면 그것으로 좋다. 하지만 그 발표의 뒷느낌을 더욱 훌륭하게 만들기 위해서 concluding comment(마무리 언급)를 덧붙인다면 더욱 좋다. 이것은 그 연구에서 얻어진 것을 근원으로 하여, 이것에서 나갈 방향을 제시하거나, 향후의 과제라든가 장래 등의 긍정적인 일을 취급하거나, 강연자 개인의 언급으로써 말하는 정말로 최후의 부분이다. 예를 들면,

In closing, I' d like to mention that ~.

와 같이 말하는 방법도 있다

하지만 행여나 여기에서 계속 새로운 토픽으로 발전시켜서 길게 말해서는 안 된다. 어디까지나 얻어진 결론의 선상에서 끌어낼 수 있는 내용 이외에는 언급해서는 안되며, 여기서부터 다시 이야기가 시작돼 버린다면 아무것도 안 된다.

Concluding comment 는 문장으로 해서 1개, 많아야 2개 정도 규모인 것이다. 흔히 전화에서 "그럼 이만" 이라고 끝내자는 말을 하고서는 새로운 토픽을 꺼내어 이야기를 연장해서 계속하는 사람이 있지만, 이와 같은 실수를 범한다면 결국 무엇을 말하고 싶은 것인지 알 수 없게 되어버린다. "나도 그럴지도 모르겠군" 하고 걱정하고 두려움을 느낀다면 concluding comment 는 삭제해야 마땅하다.

드디어, 딱 한마디만 더하면 끝나는 곳까지 왔다고 치자. 일본인은 자주 이야기가 끝났다는 신호로써 일본어의 "이상입니다."를 번역한 것처럼 "That' s all."이라고 한다. 하지만 이것은 이러한 장면에서 사용할 영어로써 부적당하다. 이곳은 단순히,

Thank you.

라고 말하면 족하다. 이것은 "Thank you for your kind attention."이라거나, "Thank you for listening to my talk."라고 하는 것이지만, 그렇게 길게 예의를 지켜 말하는 것도 뭔가 부자연스럽다. 앞에서 말했던 것처럼 그 정도로 황공해할 장소도 아니다. 이곳은 "끝마쳤습니다" 하는 신호를 청중에게 보내고, 동시에 "감사합니다" 하고 가볍게 예를 내포한 정도임. 지나치지 않는 것이 좋다.

5.4 전체의 흐름

시작부터 끝까지 발표 전체의 흐름을 복습하기 위해서 표Ⅲ-1 에 총괄 정리를 만들어 두었다. "Good morning/afternoon/evening." 으로 시작하는 서두(opening)부터 "Thank you." 에 이르기까지 알아두어야 할 것을 순서대로 나열하였다. 본문에서 예를 들었던 말의 표현 이외의 용례도 첨가했으므로 참고하길 바란다.

표 Ⅲ-1 구두발표의 흐름

INTRODUCTION

서두(Opening)

- Good morning.
- Good afternoon.
- Good evening

목적/주제의 표명

- The purpose /aim/ object/ topic of this presentation is~
- My purpose today is to give a talk on~
- The topic of discussion today is ~
- I' m here today to present ~
- I' d like to talk to you this afternoon about ~
- In this study, I' m concerned about ~
- What I wish to present in today' s talk is ~
- What I' d like to show in this paper is ~

발표 순서의 설명

- I will divide my discussion into three parts, First, ~. Second, ~. Finally, ~.
- Let me begin my talk by giving you an explanation on~. Then, I will move on to ~ followed by~. To conclude the discussion,

I will present~.

- To start with, I will provide background information on~. Next, I will demonstrate ~. After that, I will take a look at ~. Last but not least†, I will be speaking about ~.

(† 순서로서는 최종이지만, 중요성으로서는 최종이 아니라는 의미의 말 표현.)

BODY

전환/연결(Transitions)

- Let's move on to the next point.
- We'll now go on to the area of ~
- This leads us to another problem of~
- The point we should examine next is~
- The point I'd like to make is ~
- I'd like to shift now to~
- *Getting back to the problem of~

(*문제를 일시적 보류해 두고 원래의 문제로 돌아갈 때)

요약

- To sum up,~
- To recapitulate, then,~
- In short /sum/ brief,~
- To summarize what I have said up to now,~
- So far, I have shown that~
- Up to this point, we have seen that~

CONCLUSION

총괄

- In conclusion, the following points were made. Number one, ~. Number two~. Number three~.

- To conclude, I would like to summarize my talk by making three points. First, ~. Second, ~. Third, ~.
- I'd like to conclude my talk today by summarizing three points. The first point was~. The second point was ~. The final point was ~.
- In conclusion, I have shown that~

(Concluding comment)

- In closing, I'd like to mention that ~
- To close this talk, I'd just like to comment that ~

ENDING

- Thank you.

5.5 원고의 길이

마지막으로 원고 전체의 길이를 생각해 보자. 나중에 아무리 소리를 내어 보고 나서 조절한다고 해도, 용지에 써서 몇 장 정도 되는지, 쓰기 전에 일단 목표를 세워 두고 싶다. 하지만 이것은 꽤 어려운 문제이다. 제 13장에서 설명할 시각 (보조) 도구(visual aids)를 어느 정도 사용할 것인가 등에 따라서도 소요시간은 크게 바뀐다. 말하기 속도의 추천 기준이라고 하는 것은 있지만, 책에 따라서 다소 상이하다(1분간 100 단어 이하에서 150 단어까지). 원어민이 아닌 일본인들은 천천히 얘기할 (8.2 절 참조) 필요가 있으므로, 1분에 90~100 단어 정도가 좋다. 2줄 간격(double space)으로 타이핑한 1 페이지에 대략 250 단어가 들어간다고 가정해서, 2분 반~3분 약간 모자라는 양이 1 페이지이다. 그렇다면 10 분의 강연이라면 단지 3 페이지~4 페이지, 20 분이라도 6 페이지~8 페이지이다. 극히 적은 것이다. 이것으로부터도 "말하고 싶은 것은 한 가지"라는 생각은 두말할 필요가 없다는 것을 알 수 있을 것 이다.

늘리는 방법은 간단하지만, 이미 이전에 있는 것을 댕강하고 나중에 잘라버리는 것은 인정상 괴롭다. 기껏 써놓았기에 때문에라도 이것도 저것도 집어넣으려고 하면 그만 욕심이 생긴다. 더욱이, 말하고 싶은 것이 무엇인지를 선택하기 위해서도, 논지를 확실히 하기 위해서라도, 약간 부족하게 써놓고 차후에 조정해서 늘리는 방법이 좋은 방법이라고 생각된다.

6. 강연 개요(Speaking Outline) 의 작성

구두 발표용 원고가 일단 쓰인 시점에서 수정(revision)을 거듭하자. 이 정도로 좋다고 생각되면 우선 소리 내어 읽고, 소요시간을 재보자. 비교적 막힘없이 읽을 수 있게 된 단계에서 재는 것이 정확하다는 것은 말할 필요도 없다. 이 소요시간과 견주어 생각해서 다시 더 수정이 되었다면, 슬슬 강연 개요(speaking outline)의 작성에 착수하자.

6.1 개요의 형식

개요(outline)의 형식은 통상 영어권에서 전통적으로 사용되고 있는 큰 항목의 순서에 따라 로마 숫자, 대문자 알파벳, 아라비아 숫자, 소문자 알파벳 등을 이용한 형식이라도 좋고, 아라비아 숫자에 소수점을 덧붙여 나가는 방식이라도 좋다. 어느 것이라도 같은 수준(level)의 항목은 왼쪽 끝에 정렬하고, 하위 항목은 상위 항목보다 오른쪽으로 조금 옮겨서 쓰기 시작하고, 하위 항목으로 갈수록 우측으로 들여서 써나가게 한다.

시각상 각 항목의 분류 혹은 관련을 확실히 알 수 있도록 해두는 것이 중요하다. 표 III-2에 전통적인 개요의 형식을 정리해 두었다. 6 개의 수준이 있는 개요의 예이다.

표 III-2 전통적 개요의 형식

I. xxxxxxxxxxxxxxxxxxxxxxxxxxxxxxxxxxxxxxxxxxxxxxxxxxxxxxxxxxxxxx

A. xxxxxxxxxxxxxxxxxxxxxxxxxxxxxxxxxxxxxxxxxxxxxxxxxxxxxxx

1. xxxxxxxxxxxxxxxxxxxxxxxxxxxxxxxxxxxxxxxxxxxxxxxxxx

2. xxxxxxxxxxxxxxxxxxxxxxxxxxxxxxxxxxxxxxxxxxxxxxxxxx

a. xxxxxxxxxxxxxxxxxxxxxxxxxxxxxxxxxxxxxxxxxxxxx

b. xxxxxxxxxxxxxxxxxxxxxxxxxxxxxxxxxxxxxxxxxxxxx

B. xxxxxxxxxxxxxxxxxxxxxxxxxxxxxxxxxxxxxxxxxxxxxxxxxxxxxxx

1. xxxxxxxxxxxxxxxxxxxxxxxxxxxxxxxxxxxxxxxxxxxxxxxxxx

2. xxxxxxxxxxxxxxxxxxxxxxxxxxxxxxxxxxxxxxxxxxxxxxxxxx

a. xxxxxxxxxxxxxxxxxxxxxxxxxxxxxxxxxxxxxxxxxxxxx

b. xxxxxxxxxxxxxxxxxxxxxxxxxxxxxxxxxxxxxxxxxxxxx

(1) xxxxxxxxxxxxxxxxxxxxxxxxxxxxxxxxxxxxxxx

(2) xxxxxxxxxxxxxxxxxxxxxxxxxxxxxxxxxxxxxxx

(a) xxxxxxxxxxxxxxxxxxxxxxxxxxxxxxxxx

(b) xxxxxxxxxxxxxxxxxxxxxxxxxxxxxxxxx

C. xxxxxxxxxxxxxxxxxxxxxxxxxxxxxxxxxxxxxxxxxxxxxxxxxxxxxxx

II. xxxxxxxxxxxxxxxxxxxxxxxxxxxxxxxxxxxxxxxxxxxxxxxxxxxxxxxxxxxxx

A. xxxxxxxxxxxxxxxxxxxxxxxxxxxxxxxxxxxxxxxxxxxxxxxxxxxxxxx

B. xxxxxxxxxxxxxxxxxxxxxxxxxxxxxxxxxxxxxxxxxxxxxxxxxxxxxxx

C. xxxxxxxxxxxxxxxxxxxxxxxxxxxxxxxxxxxxxxxxxxxxxxxxxxxxxxx

(이하 생략)

6.2 작성법과 써 놓을 내용

그런데, 그 개요도 읽기 힘들다면 어떤 도움도 되지 못한다. 멀리서 확실히 보고 알 수 있도록 용지의 한쪽 면에만 커다란 문자로 쓰고, 행간이나 여백도 충분히 둔다. 통상적인 종이에 개요를 쓰는 것도 괜찮지만, 색인(索引: index) 카드에 각 항목을 적는 것도 추천하고 싶다. 어느 쪽을 사용하느냐는 기호의 문제지만, 카드를 사용하는 경우에도 작은 것은 피하고 A5 사이즈 정도의 것을 사용하는 것이 좋다. 일반용지와 비교해서 색인 카드는 휴대가 쉽고, 눈에 띄지 않는 등의 이점이 있는 한편, 일단락 마무리 되는 부분을 카드 1장에 써두면 카드가 바뀔 때마다 "아, 전환점(transition)이 오는구나" 하고 스스로 말하고 듣는 셈도 된다.

여기에서 제일 중요한 것은, 개요에는 결코 많은 사항을 기입하지 않는다는 것이다. 초심자는 너무 걱정한 나머지 문장을 많이 열거하고 싶어하지만, 그러면 원래 원고와 그다지 다르지 않게 되어 버린다. 많이 써두면 눈이 개요에 가는 경우도 많아지고, 눈맞추기(eye contact)도 없어진다. 또, 쉽사리 써있는 것을 다 읽어 버리고 싶은 유혹에 사로잡힌다. 이렇게 되면 무엇을 위해 개요를 만들었는지 알 수 없게 된다. 개요를 만드는 단계에서는 되도록 간결하게 핵심어(key words)나 각 요점(point)만을 기입하는 것으로 그쳐라. 단지, 숫자나 기타 정확을 기하지 않으면 안 되는 사항은 많이 메모하는 것이 말할 나위 없이 좋다.

이렇듯 강연 개요에는 무엇을 말할까(what)를 기입하는 것은 물론이고, 어떻게 말할까(how) 하는 것도 써두자. 제 7장에서 언급하겠지만, 구두발표에서는 내용 이외에 어떻게 전달할까(delivery)하는 것도 상당히 중요한 요소이다. 그러므로 단상에 가지고 갈 강연 개요에는 꼭 전달에 관한 메모도 해두었음 한다. 예를 들면, "한 호흡 간격을 둔다", "천천히", "강조하다", "반복한다" 등을 써두면, 'how 부분도 소중하니까 잊지마' 하고 그 부분에서 자신에게 알려주는 것이 되고, 당황해서 그런 부분에서 실수하는 것도 막을 수 있다. 그것만 일본어로 써둔다면 how에 관한 메모라는 것을 금방 알 수 있고, 다르게 영어로 써있는 내용에 관한 메모도 간단하게 구별이 가능하다. 실수로 거기까지도 소리 내어 읽어 버리는 등의 엄청난 실수도 하지 않고 끝난다.

또, 이음매, 이음매로 표III-1에서 언급했던 것 같은 표현까지 쓰고 싶은 곳에 기입해 두자. 이것이 좋은 사인이 되어, 돌연 '읏!' 하고 막히는 경우도 없어지고, 머뭇거리지 않고 이야기를 진행시켜 나가게 될 것이다. 이 경우, 내용에 관한 메모와 구별하기 위해 글자체(體)를 바꾸거나, 색을 바꾸거나 해서, 확실히 내용을 읽다가 멈추는 것이 가능하도록 해두자.

제12장에서 상세하게 기술하겠지만, OHP 등의 상영 화면에 관한 메모도 반드시 써두자. 어디서 어느 트랜스페어런시(transparency(TP): OHP용 투명 필름)를 사용할까 등의 정보는 필요 불가결한 것이다.

이와 같이 여러 가지이지만 약간의 궁리를 더하여 정말 발표가 매끄럽게 진행된다면, 정신적 부담을 가볍게 할 수가 있다. 강연 개요는 단상에서 생명줄이다. 초심자는 특별히 내용 이외의 메모에도 신경 써서 작성해 두었으면 한다. 내용 이외에 말의 표현이나 화면에 관한 정보를 담은 강연 개요의 예를 작성해 보았다(표 III-3). 이러한 것도 참고해 가면서 자기만의 궁리도 덧붙여, 귀찮아 하지 말고 좋은 강연 개요의 작성에 힘써주기 바란다.

표 III-3 강연용 개요(Speaking Outline)의 예

(앞 생략)

화면 #6를 보여준다

Take a look at this diagram.

This diagrams illustrates

I. Total System

A. Four major components

1. UNIX workstation 이것을 강조함

a. 32 Mbyte memory

b. DMA board (to controller)

c. software

(1) SUN-OS 4.1.4

(2) Cross-compiler for 68040

2. Image processor

a. Image Tech., Inc. Series 150/40

b. Real-time (512X512, 1/30sec)

(중략)

한 템포 쉼

Looking at this system from a mathematical point of view

B. Block Diagram of transfer functions

1. Input is $d\theta/dt$, not θ 이것을 강조함

한 템포 쉼

Let's move on to the next point.

C. Step response of robot

1. With and without a compensator

(이하 생략)

7. 전달 (1) - 자신감(自信感)

자, 원고는 완성되었다. WHAT(무엇)이라는 부분까지 검토는 끝난 것이다. 이제부터는 HOW(어떻게)에 대해 생각해 보자. 다시 말해, 어떻게 청중에게 메시지를 전달할까(delivery) 하는 것이다. 구두발표의 경우, 아무리 내용이 좋다고 하더라도 그것이 음성을 통해 전달되지 않으면 전혀 의미가 없다. 물론 음성 이외(역자 주: 원서에서는 '비음성: 非音聲' 이라고 표현함)의 요소도 생각해 둘 필요가 있다. 모처럼 좋은 내용이 반감되지 않도록 음성과 음성 이외의 여러 문제를 철저히 검토해 두도록 하자.

여러 문제를 생각하기 전에 조금 정신적인 것을 짚고 넘어가고 싶다. 특별히 장대한 정신론을 얘기하고자 하는 것이 아니다. 심리학 실험을 끄집어낼 것까지도 없이, 우리들은 '컨디션이 어떠냐' 에 따라 인간의 스포츠, 가창, 연기 등의 실연(實演: performance)이 조금 잘 되기도 하고 안 되기도 한다는 것

을 알고 있다. 따라서, 구두발표라는 실연에서도 정신적인 지지(支持)는 꼭 필요하다. 그 정신적인 지지는 자신감을 가지는 것이다.

단상에서 발표하게 되면, 일본어라 하더라도 청중의 수에 관계 없이 흥분되고 두근거리고 떨리는 것이 보통이다. 허물며 잘 하지도 못하는 영어로 하는 거라면 정신이 아찔해 진다고 느끼는 사람도 많을 것이다. 그러나 청중을 앞에 두고 두근거리는 것은 당연한 현상이다. 그것을 부끄럽게 생각하거나 부정하거나 하는 것이 오히려 이상하다. '나는 절대로 흥분하지 않아' 하고 호언장담하는 사람이 오히려 이상하다고 생각할 수도 있다. 즉, 흥분하는 것을 조절하면 되는 것이다. 이를 위해서는 **철저히 준비하는 것**, 그리고 자기자신과 자기가 하고 있는 일에 **자신감을 갖는 것**, 이렇게 2가지가 필요하다.

준비를 충분히 하는 것, 이것은 물론 자신감으로 이어진다. 그렇기에 지금까지 철저한 준비의 필요성을 설명해 왔다. 물론, 예정한대로 일이 진행되지 않는 경우도 있다. 그러나 가능한 한 시나리오를 상정하여 예측되지 않는 사태에 대비해 두면, 그런 것들에 대처할 수 있는 가능성은 높다. 머릿속이 새하얘져서 아무 말도 할 수 없게 될까 걱정이라면, 구두발표용 원고를 가지고 나가서 그것을 읽을 수도 있다.

언어의 면에서는 영어는 자기의 모국어가 아니기 때문에, 문법상의 오류가 다소 있거나 발음이 일본식 액센트 (일본어를 모국어로 하는 사람 특유의 발음)라 하더라도 그것은 당연한 것으로 부끄러워할 필요는 없다. "l" 이나 "r", 약간 틀리더라도 뭐 어떤가. 내용의 승부다.

내용에 관해서는, 연구자인 자기자신이 누구보다도 정통해 있기 때문에 절대적인 자신감을 가져도 좋을 것이다. 청중 중에 그 분야의 권위자를 발견하더라도, 수준 높은 청중이 있는 것을 기뻐할 일이지 곤란하다고 생각할 이유는 어디에도 없다.

이렇듯, '질' 이 높은 내용에 기초한 자신감은 절대로 갑자기 없어지는 일 없이 무대 위에서 절대적인 효과를 발휘한다. 반대로 자신감이 없으면, 그 무엇도 잘 풀리지 않는다. 무대에 올라가면 다른 것은 생각하지 않고 오로지 내용에만 집중한다. 그렇게 집중하는 사이, "나비가 뱃속에서 파닥거린다(having butterflies in your stomach)"고 할 정도로 긴장했던 것을 까맣게 잊어버리고, 모든 것이 궤도를 타고 진행될 것이 분명하다.

8. 전달 (2) - 음성의 여러 문제

구두발표는 주로 음성이라고 하는 매체에 의해 정보를 전달하기 때문에, 전달할 때에는 먼저 그 음성에 대해 주의를 기울이지 않으면 안 된다. 당연한 이야기지만 그것을 잊어버리고 있는 사람들이 꽤 있다.

8.1 음량

먼저, 상식적으로 생각할 때 잘 들리도록 이야기하는 것은 당연하다. 시작할 때는 우렁차지만 점점 작아지는 사람도 있기 때문에 주의가 필요하다. 예를 들어, 마이크의 힘을 빌리는 경우에도 작은 목소리가 괜찮다고 할 수는 없다. 소리가 작으면 우물우물 얘기하게 되어, 뒤에서 서술할 뚜렷한 발음(articulation)에 영향을 미친다.

마이크 사용방법에도 주의가 필요하다. 전원 켜는 것을 잊어버리는 경우도 있다. 머리를 이리저리 움직여서 마이크에 소리가 들어갔다 안 들어갔다 하는 경우도 듣기에 거북하다. 또한, 마이크를 톡톡 두드려서 마이크가 작동하고 있는지를 확인하는 것도 조심하는 편이 좋다. 이런 경우에는,

Can you hear me?

하고 물어보는 것이 좋고, 좀 더 직설적으로

Is the microphone working?

하고 말해보는 것도 좋다. 누군가가 반드시 응답을 해줄 것이다. 청중과 교류가 되어 끈을 연결하는 실마리가 될지도 모른다.

효과적으로 음량을 변화시켜서 강약조절을 하는 방법도 있으나, 처음에는 역시 청중 **모두에게 들리는 음량으로 일정하게** 하여 이야기를 이어나가는 것에 전념하는 편이 좋다.

8.2 속도

속도의 문제에 대해서는 5.5절에서 조금 언급했듯이, 1분에 100 음 이하를 목표로 한다.

이걸 알고 있다 하더라도 실제로 어떤 속도일지 확실한 감이 오지 않을 터이지만, 여하튼 '**천천히, 천천히**' 를 마음속에 되새긴다.

인간의 심리 중에, 긴장하면 곧바로 말이 빨라지는 것은 누구든지 경험한 적이 있을 것이다. 특히 초심자는 빨리, 빨리 서둘러서 급하게 구는 경향이 있다. 또한, 준비해 온 것을 소요시간 내에 무리하게 집어넣고자 빠르게 말하는 것은 금물이다. 연습과 실제는 역시 다르기 때문에, 계산했던 것에서 차질이 생긴 경우는 속도를 올리는 것이 아니라, 본론의 일부를 잘라내도록 한다. 그러기 위해서는 이것저것 실전에서 헤매지 않도록, 시간이 초과되면 생략해버릴 부분을 미리 정해두도록 하자.

'천천히' 를 기억하는 것은 발음이 그다지 좋지 않은 것을 보완하기 위해서이기도 하다. 예를 들어, 틀린 발음이라 하더라도 천천히 발음하면 알아들을 수 있는 가능성은 매우 높다. 또한 천천히 이야기하다 보면, 서두를 때와는 반대로 여유 있고 자신 있어 보이는 인상을 주게 된다. 이것은 매우 중요한 일이다.

8.3 뚜렷한 발음(Articulation)

Articulation은 뚜렷하게 목소리를 내는 것을 말한다. 마음이 맞는 친한 친구와 하는 대화라면 입을 벌려 확실히 말하지 않더라도 상대방에게 충분히 전해진다. 오히려 너무 확실하게 발음하면, '무슨 일 있어?' 라고 반대로 여길지도 모른다. 비공식적인 장소에서는 입 주위의 근육도 이완(relax)하는 것이다. 상대가 바로 옆에 있으면 우물우물 말해도 이해해 준다.

그러나, 강연을 할 때는 그렇게 해서는 안 된다. 입을 크게 벌렸다가 오므렸다가, 근육을 긴장시켰다 완화시켰다, 빈틈 없이 하지 않으면 불명확한 발음이 되어버린다. 발음에 대하여 그다지 훈련되어 있지 않은 사람일수록 주의하지 않으면 안 되는 점이다. 발음에 자신이 없기 때문에 오물오물 입을 다물고 얘기한다. 이것은 절대로 안 된다. 잘못된 발음이라 하더라도 일단 확실하게 발음하도록 하자. '천천히' 그리고 '**확실히**' 발음하면 청중을 이해시킬 가능성도 한층 더 높아진다.

8.4 유창(流暢)함(Fluency)

미끄러지듯 막힘 없이 이야기하는 것, 즉 유창함(fluency)과 속도를 혼동하는 사람들이 꽤 많다. 유창함은 빠르게 말하는 것과는 다르다. 간단하게 말하자면, 자신의 말하고자 하는 것을 순서대로, 필요 이상의 공백 없이, 계속하여 이야기하는 것이다. 따라서 "아-"나 "우-", "and...and...아-", "but, 아-" 등의 어구를 계속해서 사용하여 시간을 보내는 것은 유창함을 망가뜨리게 된다. 자연스럽게 이야기를 걸듯이 원고를 써나감으로써 "you see" 등의 끼워 쓰는 말(fillers)을 사용하는 것도 필요하다고 4.2절에서 언급했지만, 이것도 듣기에 방해가 될 정도라면 곤란하다. 이것은 조금 영어발표에 익숙해진 사람에게서 잘 나타나는데, "유- 씨-, ...유- 씨-" 하고 빈번하게 반복을 한다. "see"를 "씨-"라고 하면 더욱 거기에만 신경이 쓰여서, 이야기의 내용은 어디론가 사라져 버린다.

이러한 어구를 반복하는 것이 습관이 되어버린 사람도 많기 때문에 주의를 요한다. 사용하고 있는 언어가 모국어라 할지라도, 유창한 사람이 있는가 하면 그렇지 못한 사람도 있다. 하물며 영어로 하다 보면 좀처럼 유창하게 말하기가 어렵다는 것을 인정한다. 그러나 역시 이것도 발표내용에 정통해 있고 철저하게 준비했다면 큰 차이가 생기게 마련이다. 듣기 거북한 어구를 배제하고, 구두발표용 원고를 목소리로 잘 표현해 읽고, 그 다음은 자신감을 가지고 천천히 말하면 어느 정도 유창함을 유지하는 것이 가능하다.

9. 전달 (3) - 발음의 문제

영어를 모국어로 하지 않는 사람에게 가장 큰 문제는 발음이다. 앞서 이야기한 것처럼 일본인은 원어민처럼 이야기하지 못한다 하더라도 괜찮다. 일본식 발음으로 당당히 이야기 해도 괜찮은 것이다. 그러나, 그 발음이 통하지 않는다면 그건 문제가 된다. 통하지 않는 원인에는 여러 가지가 있겠지만, 여기서는 두 가지만 다루도록 하겠다. 첫 번째는 단어를 로마자대로 읽는 것, 두 번째는 액센트를 잘못 두는 것이다.

물론, "l"과 "r"로 대표되는 자음의 문제도 존재한다. 그러나 혀는 어떻게 하고, 입술은 어떻게 하고, 턱은 어떻게 하는지, 하나하나의 발음 방법을 지면상에 세세히 해설한다고 해서 곧바로 독자가 체득할 수 있다고 생각되지 않으며, 발음을 숙달시키기 위해 책의 해설을 읽는 등의 노력도 효과가 있지는 않을 것이다. '벌써 그런 시도는 해봤다. 그렇지만 쓸데없었다' 하는 사람이 많을지도 모른다. 모음 소리 하나하나의 문제도 다르지 않을 것이다. 여기서 문제로 삼고 있는 것은 특히 모음을 로마자대로 읽는 것이지만, 모음의 발음방법의 문제는 아니다. 글자 조합과 소리의 관계이다.

다음에서는 머리로 이해할 수 있는 지식이나 사실을 소개하여 이런 문제들에 대한 의식을 높이고, 발음할 때에 그것을 응용하거나 사전 등에서 찾아서 틀리는 것을 방지하는 것을 목표로 한다. 물론 원어민의 발음처럼 되어야 한다는 것은 아니다. 통하는 발음을 하는 것이 목표이다.

9.1 로마자 읽기 문제

다들 알고 계시듯이, 일본어 모음의 수는 영어의 모음 수에 비교하여 현저히 적다. 일본어 시스템에 맞추어 영어의 모음을 파악하는 데에 무리가 있는 것은 말할 필요도 없다. 로마자라고 하는 것은 "아"라고 하면 a, "이"라고 하면 i, "우"라고 하면 u 라고 하는 상태로 일본어의 모음과 로마자에 따른 표기에 일대일 대응을 요구하는 시스템이다. 반면, 영어의 모음과 철자(spell)에는 일대일 대응이 없다. 이렇듯 엄연한 사실에도 불구하고, 영어의 철자를 로마자대로 읽는 것은 첫 단추부터 잘못 끼우는 것이다.

하나의 영어 모음에 대해 몇 개 정도의 철자 쓰기 방법이 있는지, 여기서 예를 들어 보자. /i/라고 하는 하나의 모음에 대해 20개나 되는 조합의 가능성이 있다.

(괄호 안은 예, 밑줄이 있는 부분이 /i/ 음에 대응하는 철자)

(1) i (it)　(2) o (women)　(3) a (village)
(4) u (busy)　(5) e (English)　(6) ia (marriage)
(7) ie (sieve)　(8) ea (Guinea)　(9) ae (Caesarian)
(10) is (chassis)　(11) y (beauty)　(12) ey (honey)
(13) ay (Saturday)　(14) ui (build)　(15) ee (been)
(16) ai (portrait)　(17) ei (forfeit)　(18) hi (exhibit)
(19) hea (forehead)　(20) ois (chamois)

(The Silent Way, Fidel Chart 에서 발췌)

이러한 예를 들 필요도 없지만, 로마자대로 읽는 것을 당연시 하는 사람이 너무나 많기 때문에, 로마자대로 읽으면 얼마나 틀릴 확률이 높은지를 환기시키고자 하였다.

특히 주의해야 할 것은 일본어에 외국어로써 들어와서 일본어로 정착한 단어이다. 일본어의 '라지오'가 radio/reidiou/라는 것은 모두 알고 있지만, 똑같은 실수를 예를 들어 'radial'를 발음할 때 저지르고 있는 것은 아닌지. '라베루(label)'는 어떠한가? '베-타'는? '프론토(front)'는? 너무 익숙해서 의식하지 못하고 있는 단어가 많다.

"일대일 대응이 없다고 한다면, 어떻게 하면 좋을까? 뭔가 규칙은 없는 걸까?" 하고 묻는다면, "있기는 있다. 그러나 예외도 많고 결국 통째로 사전을 찾는 것이 대책이다"라고 말할 수 밖에 없지만, 무책임한 답변이 되고 만다. 단 로마자대로 읽는 것, 다시 말해 자기 마음대로(일본식으로) 읽어서는 안 된다는 것을 알게 되면, 그만큼 사전을 의지하고 사전을 찾는 횟수도 늘어나고, 원어민의 발음을 들을 때에도 의식적으로 모음과 철자의 관계에 주목하게 될 것이라고 기대한다.

9.2 강세(Stress) 위치의 문제

9.2.1 중요성

어떤 음절에 액센트를 둘까 하는 것은 대단히 큰 문제다. 통할까 통하지 않을까의 문제를 기준으로 하면 가장 중요하다고도 얘기할 수 있을 것이다. 이런 큰 문제인데, 액센트에 개념이 없는 일본인은 의외로 많다.

영어회화 학교의 CF에도 나왔던 banana의 발음을 생각해보자. "바나나, 바나나"라고 소리쳐도 원어민에게는 통하지 않는다. 단어는 맞았다고 자신이 있는데, 어찌해도 알아듣지 못한다. 반복하고 반복해서 얘기해 보지만 상대는 멍하니 있다. "왜? 도대체 왜?" 하고 절규하고 싶을 정도로 답답한 경험을 해 본 사람은 많을 것이다.

그러나 원어민이 멍하니 있는 것은 이유가 있다. 특별히 못되게 굴기 위해 못 알아듣는 척을 하고 있는 것이 아니다. 먼저, 액센트라고 하더라도 액센트의 의미가 일본어와 영어의 경우 다르다. 일본어의 경우 바나나의 '바' 부분이 높고 다른 곳은 낮게 발음하는 '고저(高低)'를 대비시켜 사용하는 액센트인 반면, 영어는 2번째 음절인 'na' 가 다른 음절보다 강하게 발음되는 '강약(强弱)' 에 의한 액센트인 것이다. 이것을 정확히 의식해두기 위해 이후로 영어의 액센트는 강세(强勢: stress)라고 하는 전문 용어로 대체하여 사용하겠다. 일본인은 외래어 등의 발음을 하고자 할 때 일본어의 고저 액센트를 영어의 강세와 동일하게 여겨 단순히 바꾸어, banana와 같이 제 1음절의 위치에 마치 강세 같은 것을 두어 버리는 것이다.

또한, 원어민이 알아듣지 못하는 커다란 이유는, 영어의 강세 위치가 변하면 그것에 연동되어 모음이 변해서 전혀 다른 모음이 되어버리기 때문이다. 이것을 조금 설명하겠다.

영어 발음의 큰 특징으로써, 강세가 전혀 없는 음절의 모음은 /ə/(또는 /i/, 하지만 /i/도 /ə/도 우리의 목적으로 보자면 차이가 없기 때문에 이후 /ə/로 한다)가 되어 버리는 것이 있다. 덧붙여 말하면 /ə/라고 하는 음은 "아"도 "이"도 "우"도 "에"도 "오"도 아닌, 중간 음으로 원주민이 가장 편안히 가볍게 내는 소리이다. (역자 주: 한글로는 "어"에 가깝다.) 구체적인 예를 보자. conflict라고 하는 단어는 명사의 경우에는 제 1음절에 강세가 있고, 동사의 경우에는 제 2음절에 강세가 온다. 그리고 명사의 경우 제 1음절의 모음은 /a/이다(/kánflict/). 그러나 동사가 되어 제 2음절로 강세가 옮겨오면 제 1음절의 모음은 /ə/가 되어버린다(/kənflíkt/).

원어민이 어디에 주목해서 듣고 있을까 하면, 그것은 실로 강세(제 1 강세, 제 2 강세)가 있는 모음인 것이다. 강세가 없는 음절은 거의 무시한다. 긴장을 푼 /ə/음이 그 증거이다. 극단적으로 말하자면 다른 음은 없어도 별 상관 없을 정도이다. 반대로 강세가 있는 모음의 소리가 잘못되어 있으면 전혀 알아듣지 못한다.

바나나의 예로 돌아가 보자. 일본인이 강세의 위치를 틀려서, 또한 로마자 대로 읽어서 /bánana/에 가까운 발음을 했다고 하자. 원어민의 발음은 /bənǽnə/이다. 원어민은 강세가 있는 모음에 주목하고 있기 때문에 그것이 /a/가 되어 버리면 원래의 /ə/와는 다른 음이 들려오기 때문에 알아듣지를 못하는 것이다. 역으로 제 1음절을 발음하지 않고, 그러나 강세가 있는 음절의 모음을 정확히, 다시 말해 /nǽnə/라고 발음하면 알아들을 가능성이 높다. 실제로 편안한 회화에서는 because(/bəkɔ́ːz/)는 최초의 음절이 없어지고 cause가 된다. (그 경우, /kɔːz/가 아닌 /kəz/가 된다)

이렇듯 원어민에게 이해되려면 2음 이상의 단어의 경우

(1) 강세의 위치를 정확하게 할 것
(2) 그 강세가 있는 음절이 정확한 모음일 것 (따라서 앞에서 설명한 것처럼 로마자대로 읽는 것은 안 된다는 것이다.)

이것이 조건이다.

9.2.2 강세(Stress)의 위치

그럼, 강세의 위치를 정하는 방법은 없는 걸까? 이것에 대해서는 모음과 철자의 관계보다는 훨씬 더 도움이 되는 가이드라인(guideline)이 있기에 Prator & Robinett (1985)로부터 이 책의 목적에 맞추어 선택해 소개하도록 하겠다(p. 21~23에서 인용함. 괄호 안에 표시한 예 중에는 필자가 덧붙인 것도 있다). 단, 이 규칙이라고 해서 예외가 없는 것은 아니다.

(1) 대체적으로 2음절로 되어 있는 단어는 제 1음절에 강세가 온다. (예: néver, sécond). 예외의 대부분은 접두어가 있는 경우다. (예: displáy, excéed)
(2) 복합어에 대하여
  • 복합명사는 최초의 부분에 제 1 강세(ˊ)가 오고, 그 다음 부분에 제 2 강세(ˋ)가 온다. (예 : drúgstòre, básebàll)
  • 복합동사는 그 반대 (예 : ùnderstánd, òverflów)
  • 재귀(再歸: reflexive) 대명사도 복합동사와 같은 패턴 (예 : mỳsélf,

yòursélf)

- -teen에 대해서는 제 1 강세가 어느 쪽에 와도 맞지만, -ty와 -teen(예를 들어 thírty와 thìrtéen)의 구별을 확실히 하기 위해서 -teen의 부분에 제 1 강세를 가지고 오도록 하자.

(3) 명사와 동사가 같은 철자인 경우

명사는 최초의 음절에 제 1 강세, 동사는 최후의 음절에 제 1 강세가 온다.

(예 : conduct = /kándəkt/ vs. /kəndákt/,

conflict = /kánflikt/ vs. /kənflíkt/,

convert = /kánvərt/ vs. /kənvárt/,

object = /ábdʒekt/ vs. /əbdʒékt/,

record = /rékərd/ vs. /rikárd/

[필자 주: 위에서 설명한 것처럼 모음의 변화에 주목]

(4) 접사를 붙임으로써 나타나는 품사의 변화에 따른 강세 위치의 이동에 대해.

통상적으로는 접사를 붙여도 변화가 없지만, -tion, -sion, -ic, -ical, -ity, -graphy가 어미에 붙으면 제 1 강세는 그 전의 음절이 된다. 그것과 함께 모음의 변화에 주목하자.

(예: contribute /kəntríbjut/ → contribution /kántribjúːʃən/

biology /baiálədʒi/ → biological /bàiəládʒikəl/

public /pʌ́blik/ → publicity /pəblísiti/

photograph /fóutəgræ̀f/ → photography /fətágrəfi/

최대한 단순하게 할 작정이었지만, 100 퍼센트 확실한 규칙도 아니기 때문에, 외우는 것이 싫거나 귀찮다고 생각되는 사람은 그 대신 사전을 찾으면 된다. 하지만 어쩌든지 강세의 위치는 모음과 함께 대단히 중요하다는 의식을 가지기를 바란다. 표 III-4에 강세 위치가 틀리기 쉬운 단어를 시범 삼아 게시해 두었다. 표 III-5에 답으로써 발음기호와 강세가 나와 있다. (1)부터 (4)에서 설명한 법칙을 응용하면 해결되는 것들도 꽤 많다. 좀 집요하게 들리겠지만, 강세의 위치와 그 모음은 깊은 연관이 있기 때문에, 파생어의 경우는 특히 모음이 어떻게 변할지를 생각하기 바란다. 또, 표 III-5의 해답은 교과서적 발음을 나타냈다. 형식성(formality)이나 빠르기, 개인차 등에 의해 발음의 차가 생길 수도 있다. 특히 강세가 없는 모음의 경우, /i/나 /ə/로 변하는 경우도 있다. 우리의 목적에서 보면 그러한 차이들은 무시할 수 있다.

표 III-4 강세(Stress)가 틀리기 쉬운 단어 (시험)

1. access	2. accessible
3. accumulate	4. accuracy
5. algebra	6. algebraic
7. alternative	8. although
9. analysis	10.analyze
11. applicable	12. application
13. apply	14. array
15. asymmetric	16. asymmetry
17. atomic	18. attribute (n)
19. attribute (v)	20. attribution
21. barrier	22. capability
23. capable	24. category
25. comparable	26. competence
27. component	28. concentrate
29. conclude	30. consequently
31. constitute	32. continue
33. continuity	34. control
35. correlate	36. correlation
37. development	38. frequency

39. generate
40. idea
41. influence
42. interesting
43. manipulate
44. mechanic
45. mechanical
46. mechanism
47. metal
48. metallic
49. microscopic
50. modern
51. molecular
52. molecule
53. operate
54. pattern
55. present (v)
56. presently
57. recognize
58. reflect
59. response
60. result
61. robot
62. sequential
63. technique
64. velocity

표 Ⅲ-5 강세(stress)가 틀리기 쉬운 단어 (해답)

1. ǽkses
2. æksésəbl
3. əkjúːmjulèit
4. ǽkjurəsi
5. ǽldʒəbrə
6. æ̀ldʒəbréiik
7. ɔːltə́ːrnətiv
8. ɔːlðóu
9. ənǽlisis
10. ǽnəlàiz
11. ǽplikəbl
12. æ̀plikéiʃən
13. əplái
14. əréi
15. èisimétrik
16. eisímetri
17. ətámik
18. ǽtribjùːt (n)
19. ətríbjuːt (v)
20. æ̀tribjúʃen
21. bǽriər
22. kèipəbíləti

23. kéipəbl	24. kǽtəgɔ̀:ri
25. kámpərəbl	26. kámpətəns
27. kəmpóunənt	28. kánsəntrèit
29. kənklú:d	30. kánsikwèntli
31. kánstitjùt	32. kəntínju
33. kəntin(j)úəti	34. kəntróul
35. kɔ́:rəleìt	36. kɔ̀:rəléiʃən
37. diveləpmənt	38. frí:kwənsi
39. dʒénərèit	40. aidíə
41. ínfluəns	42. íntəristiŋ
43. mənípjulèit	44. mekǽnik
45. mekǽnikl	46. mékənìzm
47. métl	48. mətǽlik
49. màikrəskápik	50. móudəm
51. məlǽkjulər	52. máləkjùl
53. ápərèit	54. pǽtərn
55. prizént	56. prézntli
57. rékəgnaiz	58. riflékt
59. rispáns	60. rizə́lt
61. róubət	62. sikwénʃəl
63. tekní:k	64. vilásəti

9.3 읽는 방법의 문제

이것은 발음의 문제라기보다는 읽는 방법의 문제인데, 글자로 쓰인 것을 읽을 때 의외로 영어로 어떻게 읽으면 좋을지를 모르거나, 어떤 의문도 없이 자기 나름대로 이렇겠지 생각하고 있는 경우가 많다. 이공계의 논문에는 수식은 물론 이러한 것들이 매우 많다. 따라서 대표적인 것들을 종류(category) 별로 표 III-6부터 표 III-9까지 정리해 보았으니 참고하기 바란다.

먼저, 수학 기호를 읽는 방법이다. 표 중에 w.r.t~라고 기술한 것이 있는데, 이것은 with respect to ~의 생략이다.

표 III-6 수학 기호를 읽는 방법

기호	명칭	예	읽는 법
*	asterisk	x^*	x star
~	tilde	$\tilde{x}$	x tilde
^	hat	$\hat{x}$	x hat
_	underline	$\underline{x}$	x underbar, vector x
−	bar	$\bar{x}$	x bar, vector x
→	arrow	$\vec{x}$	vector x
n	subscript	x_n	x sub n
i	superscript	x^i	x i (i–th repetition), x to the power i
2	square	x^2	x squared
3	cubic power	x^3	x cubed
n	n–th power	x^n	x to the n–th power
!	exclamation mark	$n!$	n factorial
∂	round delta, curly delta	∂x $\partial x/\partial y$	del x, round x, partial derivative of x w.r.t. y
Δ	capital delta	Δx	delta x, variation of x
·	dot	$\dot{x}$	x dot, time derivative of x
··	double dot	$\ddot{x}$	x double dot, second derivative of x
| |	modulus bar	$\|x\|$ $\|G(s)\|$	absolute value of x magnitude of G(s)
∠	angle	∠G(s) $\angle\theta$	angle of G(s) angle θ

$\sqrt{\ }$	square root	$\sqrt{x}$	square root of x
$\sqrt[3]{\ }$	cubic root	$\sqrt[3]{x}$	cubic root of x
$\sqrt[n]{\ }$	n-th root	$\sqrt[n]{x}$	n-th root of x
log	logarithm	log(x)	log(x), log of x
ln	natural logarithm	ln(x)	ln(/elen/) x, natural log of x
exp	exponential	exp{x}	exponential x
=	equal	$x = y$	x equals y, x is equal to y
≡	identical	$x \equiv y$	x is identical to y
≅	approximately equal	$x \cong y$	x is approximately equal to y
<	less than	$x < y$	x is less than y
>	greater than	$x > y$	x is greater than y
≤	less than or equal to	$x \leq y$	x is less than or equal to y
≥	greater than or equal to	$x \geq y$	x is greater than or equal to y
≪	much less than	$x \ll y$	x is much less than y
≫	much greater than	$x \gg y$	x is much greater than y
∝	proportional	$x \propto y$	x is proportional to y
:	ratio	$x : y$	the ratio of x to y
/	slash	x / y	x over y, x divided by y, the ratio of x to y
…	leader	$1 \cdots n$	1 to n, 1 through n
		1,2,3,⋯	1,2,3 dot dot dot, 1 2 3 and so on
∈	element	$m \in X$	m is an element of x, m belongs to X
⊂	inclusion	$M \subset X$	M is a subset of x, M is included in X
∥	parallel	$x \parallel y$	x is parallel to y
⊥	perpendicular	$x \perp y$	x is perpendicular to y
∫	integration	$\int_a^b f(x)dx$	the integral of f of x from a to b
Σ	summation	$\sum_{i=1}^{n} x_i$	the sum from x sub 1 to x sub n
Π	product	$\prod_{i=1}^{n} x_i$	the product from x sub 1 to x sub n

여기서 한가지 주의할 것은, 이러한 기호도 분야에 따라서 사용방법 다시 말해 그 의미가 달라진다는 것이다. 예를 들어, 대소를 나타내는 기호 '〉' 는 현대의 계산기 네트워크 분야에서는 'redirection(출력을 다른 곳으로 돌리는 것)' 이라는 의미가 되고, '|' 는 'piping(하나의 프로그램의 출력을 그대로 다음 프로그램에 돌리는 것)' 이라는 의미를 가지기 때문에 단독으로도 사용된다.

이렇듯 정확하게 사용하기 위해서는 자기 분야의 원어민에게 문의하는 방법 밖에 없다. 그리고 자기 분야의 용어집을 작성해 두는 것을 강력히 권한다.

표 Ⅲ-7은 그림이나 표에서 사용되는 기호 등이다.

표 Ⅲ-7 그림과 표에서 사용되는 기호를 읽는 방법

기호	읽는 법
*	asterisk
•	dot
○, ●	circle (solid circle)
△, ▲	triangle (solid triangle)
□, ■	square (solid square)
◇, ◆	diamond (solid diamond)
────	solid line 실선
- - - - - - -	broken line 파선
···············	dotted line 점선
────	thin line 세(가는)선
━━━━	thick line 굵은 선
—•—	dot dash line (한 점) 쇄선
—∫∫—	break in axis 좌표축의 절단(끊어진 곳)

또한, 몇 개의 수학적 기술(記述)를 읽는 방법을 표 Ⅲ-8에 정리해 보자. 한없이 많기 때문에 여기서는 대표적인 것만으로 그치지만, 표의 3번째와 4번째에 있듯이 잠시 쉬는(pause) 위치에 따라서도 의미가 변하기 때문에 주의가 필요하다. (덧붙이자면, 6번째 식에서는 어디에 pause를 넣으면 좋을까?) 그런데, 여기서는 식 자체는 OHP 등에 쓰여있고 청중은 그것을 보면서 듣고 있다고 가정한다(제 13장 참조). 일본어라고 하더라도 식을 말로만 설명하는 것은 무리다. OHP에 없는 식은 절대로 말로만 설명하려고 하지 말고, 미리 아무것도 쓰여 있지 않은 OHP를 준비해 두었다가, 그 위에 쓰면서 설명하도록 하자.

표 Ⅲ-8 수학 기술을 읽는 방법

기술	읽는 법
$n^3 m^2/(x+y)$	n cubed times m squared over the sum of x and y
$\exp\{10^{ax+b}\}$	exponential of 10 to the quantity ax plus b power(formal) exponential 10 to ax plus b power(informal)
$x+y/z$	x plus (pause) y over z
$\frac{x+y}{z}$	x plus y (pause) over z
$\int_0^1 g(t\_u)f(u)du$	integral from 0 to 1 of g of t minus u times f of u
$\sin^{-1}\frac{y}{\sqrt{x^2+y^2}}$	arc · sine of y over square root of x squared plus y squared

마지막으로, 잘 사용되는 일반적인 기호를 표 Ⅲ-9에 정리하면서 이번 절은 끝내도록 하겠다.

표 Ⅲ-9 일반적인 기호를 읽는 방법

기호	읽는 법
(	left parenthesis
)	right parenthesis
{	left brace
}	right brace
[	left bracket
]	right bracket
†	dagger
∵	because
∴	therefore
∞	infinity

10. 전달 (4) - 음성 이외의 여러 문제

구두발표에서는 음성 이외에도 주의해야 할 점이 많이 있다. 장소에 적합한 복장과 용모를 갖추고, 무대에서 자세를 바르게 하는 것은 상식적인 것이지만, 역시 확인해 두는 것이 좋다. 필요 이상으로 이리저리 움직이는 것도 청중이 내용에 집중할 수 없게 하는 원인의 하나가 된다. 일본인이 경우 너무 점잖을 경우가 더 많지만, 국제무대를 필요 이상으로 의식해서 몸이나 팔의 제스처를 심하게 사용하거나 어색하게 빈발하게 사용해도 눈에 거슬린다. 자신에게 자연스러운 움직임을 하는 것이 좋다.

여기서는 특히 청중과 좋은 관계(rapport)를 구축하기 위해 중요한 3가지의 관점, 얼굴 표정, 눈맞추기(eye contact), 활기차게(dynamic) 이야기하는 것에 대해서 생각해보고 싶다. 앞의 두 가지는 문화적 배경에 따라 나름대로 뿌리 깊게 정착한 스타일이 있어서, "이해 편"과 "논문 편"에서도 재삼 강조한 것처럼 성가신 문제가 되어버린다. 청중과 좋은 관계를 유지하기 위해서는 음성

이외의 요소가 크게 작용한다. 언어의 면에서 다소의 핸디캡을 짊어지고 있는 사람에게는 노력해볼 만한 가치가 있다.

10.1 표 정

얼굴 표정은 매우 중요한 사안이다. 멀리 있는 사람에게도 그 사람의 표정은 보이게 마련이다. 일본인은 아무튼 형식적인 장소에서는 깐깐해 보이는 얼굴이나 지루하다는 표정을 짓기 쉽다. '나는 진지합니다' 를 나타내려는 것일까? 아니면 위엄 있게 보여서 허세를 부려보려고 하는 것일까?

그러나, 이것은 국제적인 장소에서는 통하지 않는다. 깐깐한 표정을 하면 단순히 '어딘가 안 좋아 보인다, 긴장한 나머지 기분이 나쁜 걸까?' 하고 생각하게 되고, 지루한듯한 표정은 열의 없음, 의지 없음의 표현으로 밖에 보이지 않는다. 일본적이다, 진지하다, 진면목이다, 훌륭하다라고 하는 호의적 반응은 절대 없다고 할 수 있다.

처음부터 얼굴 표정으로 부정적 인상을 주게 되면, 그 후 청중과 사이 좋게 화목한 분위기로 풀어나가는 것은 어렵다. 형식성(formality) 편에서도 이야기했던 것처럼, 보통의 구두발표는 그 정도로 형식적이지도 않다. 더 편안한 표정을 만들어 보면 어떨까? 만든다는 표현을 썼는데, 최초에는 역시 긴장해서 얼굴이 의식하지 못하는 사이에 굳어지기 때문에 의도적으로 편안한 표정을 만드는 것이다. 그러기 위해서는 미소를 짓는 것이 가장 빠르다. 국제적인 청중에게는 이렇게 미소 짓는 표정(smile)은 솔직하고 긍정적으로 받아들여진다.

미소를 지으며 웃으면, 그들은 '친해지기 쉬운(friendly) 사람이구나' 또는 '편안해 보이네. 자신이 있나 보다' 또는 '재미있는 이야기가 될 것 같다' 하고 만사 호의적으로 해석해준다. 좋은 시간을 가질 수 있기 마련이다.

단, 여기서 미소 짓는다는 것은 일본인 특유의 실실거리는 웃음이나 어색함을 숨기려는 웃음, 속이는 듯한 웃음, 의미 없는 웃음 등 외국인들로부터 곧잘 불평을 사는 그런 웃음은 절대로 아니다. 굳이 설명하자면 사진을 찍을 때 '자, 웃으세요' 하는 순간 짓는 표정이라고 할까. 사진의 포즈를 잡을 때는 특별히 이상해서 웃는 것이 아니다. 좋은 표정을 짓자고 의식적으로 생긋이 웃는 것이다. 딱 그런 느낌으로 웃으면 '긴장해서 정말 웃을 기분이 아니야' 라고 하는 사람도 납득할 수 있지 않을까?

따라서, 무대에 올라가면 미소를 짓자. **미소**(smile)는 자신감의 표현이자 자신이 그 자리를 즐기고 있다는 심볼이 된다. 청중에게 적대심이나 반감을 불러일으키지 않는 최대의 무기이기도 하다. 농담을 해서 웃게 하는 능력은 이제 와서 갖추기 힘들지만, 미소를 띠는 것은 누구에게든 가능하다. 실제로는 웃을 여유가 없더라도, 처음엔 경직된 미소도 상관 없다. 크게 미소 지어 보자. 그렇게 하면 청중도 편안해지고, 그로 인해 자기자신도 편안해지고, 그 후엔 진심으로 미소 지을 수 있게 될 것이다.

10.2 눈맞추기

지금까지 종종 언급되었던 눈맞추기(eye contact)에 대해 생각해 보자. 청중과 눈을 마주보는 것, 눈맞추기는 음성 이외의 문제들 가운데에서도 가장 중요한 점이라고 해도 과언이 아니다. 그러나 눈맞추기라고 하는 것은 문화라고 하는 번거로운 문제를 내포하고 있어, 일본인에게 있어 좀처럼 극복하기 어려운 문제이기도 하다.

잘 알려진 것처럼, 일본인은 사람과 눈을 마주보는 것을 불손하다거나 적대심의 표현이라고 생각한다. 따라서 예의를 위해 다소 눈을 아래로 낮추는 것이 습관이 되어 있다. 그렇게 때문에 눈맞추기는 좋은 것이지, 강연에서 기본이지, 하고 생각하더라도 심리적으로 저항이 있을 수밖에 없다. 메모로부터 잠깐 눈을 들거나, 천정을 보거나, 벽의 한 점을 쳐다보는 등 눈맞추기는 눈을 위로 드는 것이라고 착각하고 있는 사람이 많다.

국제적인 눈맞추기라고 하는 것은 사람의 눈을 똑바로 보는 것을 말한다.

많은 사람이 있을 경우에는 한 명, 한 명 차분히 눈을 맞추는 일은 물론 불가능하지만, 한 부분의 사람들만이 아니라 전체적으로 고르게 천천히 눈길을 주고, "나는 계속해서 청중을 의식하고 있습니다" 하고 일부러 보여주지 않으면 안 된다.

이렇게 청중을 의식한다고 하는 것은 매우 중요하다. 이것을 하지 않으면 정보의 흐름은 강연자로부터 청중에게로 일방적으로 가게 된다. 청중을 의식한다고 하는 것은 그들로부터 피드백을 민감하게 받는다는 것이다. 쌍방향으로 의견의 전달이 가능하다는 뜻도 된다.

미소를 띤 부드러운 표정과 함께 눈맞추기는 자신감의 표현이자 신용을 얻는 무엇보다 좋은 수단이다. 역으로 눈맞추기를 피하려고 하면, 구미 문화권에서는 곧바로 청중을 무시한다거나, 여유가 없다거나, 나쁘게 말하면 무언가를 숨기고 있다고 의심받을 수도 있다.

좋은 눈맞추기가 어떤 것인지를 알기 위해서는 국제회의에 출석했을 때 구미 쪽의 강연자가 어떤 식으로 눈맞추기를 하는지 의식해서 관찰해 보는 것이 좋다. 청중의 수가 적고 강연자가 민감한 사람이라면, 가만히 보고 있는 당신의 시선을 느끼고 눈맞추기를 취할 것이다.

여하튼, 일본인은 처음에는 감정적으로 다소 저항이 있더라도 의식적으로 눈맞추기를 하는 것이 중요하다. 예를 들어, 강연 개요를 다소 높이 들고 이야기하는 등의 작은 요령만으로도 눈맞추기는 대단히 달라진다. 눈맞추기처럼 유효하게 청중의 신뢰를 얻는 수단은 거의 없기 때문에 반드시 이용하기 바란다.

10.3 활기(活氣)차게

활기차다(dynamic)는 것을 한마디로 표현하기는 어렵다. 이것은 여러 가지 전달에 관계된 요소가 섞여서 완성되는 표현 전체의 스타일이기 때문이다. 또랑또랑하고(articulation), 목소리가 잘 들리고(음량), 몸짓과 손짓을 바꾸는 움직임이 있고(동작), 단조롭지 않고(다양함: variety), 등등 활기(活氣)를 형성하고 있는 다양한 외적 요인을 나열하는 것은 가능하다. 그러나 따지고 보면 말하는 사람의 열의가 느껴지는지 아닌지의 '기분' 의 문제로 돌아가지 않나 싶다.

자기가 하고 있는 일에 자신이 먼저 대단한 흥미와 흥분을 가지고 있지 않으면 청중에게 그것을 전달하는 것은 불가능하다. 연구내용에 애착을 가지고 긍지를 가지면서, "한계는 있지만 이렇게 재미있답니다" 하는 기분이 없다면 활기찬 이야기도 가능치 않다. "들어보세요, 네?" 하는 욕구가 이야기하는 사람에게 있어야만 청중도 그 기분을 함께 탈 수 있는 것이다. 이런 기분이 있다면, 자연히 앞에서 열거한 요소들도 훌륭하게 기능하여 활기찬 분위기가 형성된다.

활기 있는 이야기라면, 다소의 언어 면의 문제도 덮어준다. 교수로써 발표 채점을 하다 보면 이 사실을 쉽게 알 수 있다. 영어 능력에서는 조금 떨어지는 학생이 영어를 잘하는 학생보다 높은 전체평가를 받는 경우가 심심치 않게 있다. 세세한 채점표를 보면 영어 문법이라든지 발음에 있어서는 벌점이 몇 개나 있다. 그러나 이야기의 내용이 알기 쉽고 어느 샌가 이야기에 빨려 들어가 듣고 있다 보면, 최종적으로 A라고 적게 된다. 영어 교수가 아니라 보통의 청중이라면 이보다 더 이야기에 집중하여 다소 외견의 문제 같은 것은 신경 쓰지 않을 것이 분명하다.

아무리 완벽한 영어를 구사하더라도, 열의가 느껴지지 않는 이야기는 청중에게는 고통일 뿐이다. 빨리 끝나기를 바라는 마음으로 강연자 원고의 남은 분량을 세어보며 지겨워 한다. 아무리 훌륭한 학자의 이야기라 하더라도 활기차지 않으면 곧바로 자장가로 바뀐다. 명성이 없는 연구자라면 말할 것도 없다.

그러나, 현실적으로 그다지 재미있지 않은 이야기를 하지 않으면 안 되는 경우는 어떻게 하면 좋을까? 그럴 때는 방법이 없다. 처음에 열거한 외적인 요소부터 확고히 하자. 그리고, 열의를 가지고(가진 듯이 행동하며) 이야기하는 태도를 취하면, 어떤 노력도 하지 않은 이야기보다 훨씬 활기차게 될 것을 보장한다.

11. 질의응답(Q&A)

여기서 질의응답에 관해 정리해두고 싶다. 질의응답의 부분은 제 5장에서 해설한 발표전체의 흐름에서 "Thank you"라고 말하고 강연 부분은 "여기서 끝입니다"라고 청중에게 의도를 전한 다음부터 시작되는 부분이다.

말할 것도 없이 청중의 반응이 직접적으로 드러난다. 강연 부분에서는 일단 쌍방향 의사소통(communication)을 지향한다고는 하지만, 직접적으로는 강연자로부터 청중에게로 방향이 정해져 있고, 질의응답 부분에 와서야 진정한 쌍방 간 언어의 주고받음이 시작되는 것이다. 강연 부분도 중요하지만, Q&A도 거기에 견줄 만큼 연구의 전체평가가 결정되는 중요한 부분이다. 해프닝도 곧잘 발생되기 때문에 초심자에게는 조금 어려운 부분이지만, 여기서 발표 전체의 인상을 확실히 좋게 만든 후 끝내야 한다.

단지 멋있는 질문만이 아니라, 여기서는 자신이 풀지 않았던 문제에 대한 힌트를 얻거나, 자신의 편협성을 깨닫는 등 중요한 정보를 얻을 수 있기 때문에, (특히 질 높은 청중일수록 기대할 만하다.) 겁내지 말고 적극적인 기분으로 하자.

11.1 진행

사회자가 있다면,

We will now move to questions and comments from the audience.

등과 같은 표현을 통해 드디어 Q&A가 시작된다. 사회자가 없다면 자신의 책

임 하에 Q&A로 넘어간다. 이럴 때는 예를 들어

Now if there are any questions, I' d be happy to answer them.

처럼 말하여 청중에게 Q&A의 시작을 알린다.

청중 수가 극도로 적어서 격식 없는 분위기라면 강연이 진행되는 도중에 질문이 나오는 경우도 있을 수 있다. 여유가 있는 사람이라면 예외지만, 역시 도중의 Q&A는 이야기의 흐름을 깨고 예정이 빗나가는 원인이 될 수 있기 때문에, 마지막에 모아서 진행하는 것이 무난하다. 도중에 질문이 나온 경우에는 뒤에 Q&A 시간이 있음을 알려준다. 단, 그 질문이 논의의 근간을 이루는 것이거나, 설명하지 않고는 도저히 앞으로 나갈 수 없다고 판단되면 물론 그 즉시 대처해야 한다. 또한, 이러한 상황을 포함하여 11.2절의 표 Ⅲ-10에 질의응답 중 각 상황에 대처하는 방법, 유효한 표현의 예를 정리해 두었다. 참고하기 바란다.

그러면, '질문 있으십니까?' 하고 말한 것까지는 좋은데, 질문이 하나도 안 나오면 어떻게 하나 하는 걱정을 하는 것은 기우에 불과하다. 국제적인 청중은 수줍음 많은 일본인과 달리 이쪽에서 컨트롤하기 힘들 정도로 손을 여기저기서 드는 경우가 많다. 물론 발표 내용이나 전달의 질에 따라 그 반응은 달라진다. 그러나, 최악의 경우, 즉 청중이 이해하지 못해서 무엇을 질문해야 할지 모를 경우에도, 청중 중에는 반드시 한 사람, 썰렁한 분위기를 불쌍하게 여기는 사람이 있어서 사교적으로 무언가 코멘트나 질문을 해줄 것이다. 사회자가 있다면 그 사람이 그런 역할을 담당해 준다. 걱정할 필요 없다. "그래도, 사회자도 없다면?" 이라고 생각하는 걱정이 많은 사람을 위해서 표 Ⅲ-10에 대처할 표현을 실었다.

질문자를 선택할 때는 청중 전체를 훑어보고, 최대한 발표장의 모든 방향으로부터 치우침이 없도록 하는 것이 좋다. 강연자는 마이크를 가지고 있지만 청중은 없는 경우가 많다. 그럴 경우에는 멀리 있어서 질문이 들리지 않는 청중을 위해서, 그리고 자신이 해석한 내용의 확인을 위해서 질문을 자신의 언어로 바꾼다. 그 후 새롭게 답변으로 옮겨간다.

Q&A 시간은 제한되어 있기 때문에 답변을 간결히 하는 것을 잊어서는 안된다. 장황하게 답변을 해서 질문을 1개 밖에 못 받는 것은 강연자 측의 에티켓 위반이다. 청중 측의 에티켓 위반, 즉 같은 질문자가 연속해서 질문하는 것은 가능한 방지한다. 질문자에게 주도권을 빼앗기지 않도록, 항상 강연자가 리드하도록 마음가짐을 갖는 것도 중요하다.

표 Ⅲ-10 Q&A의 처리 방법과 예문

- 강연 도중에 질문이 나왔을 때
  → There will be time for question later. I would appreciate it if you could hold them till then.
- 질문이 들리지 않을 때
  → I could't hear your question.
  → I beg your pardon?
- 질문을 이해할 수 없을 때
  → I'm not sure if I understand your question.
  → I didn't quite get your question.
- 질문을 반복해 달라고 할 때
  → Could you repeat that question?
  → Do you mind paraphrasing your question?
- 질문을 확인할 때
  → So your question was that ~
  → I assume you are asking that ~
- 질문을 요약해서 반복할 때
  → His /her question was that~
  → She/he asked me whether ~

• 질문에 적절히 대답했는지 확인할 때

→ Did I answer your question?

→ Does this answer your question?

• 순간 대답이 나오지 않아서 시간 벌기를 할 때

→ That's a(n) excellent / crucial / good / tough / perceptive / valid question.

• 대답이 복잡해서, 그 장소에서 대답하는 것을 피할 때

→ I'm afraid we don't have time to get into that issue right now. If you could see me after the presentation, I'll be more than happy to discuss it with you.

• 자료부족으로 질문에 그 장소에서 답할 수 없을 때

→ I don't have that information with me right now. I'll do my best to get them for you as soon as possible.

• 언어의 문제로 그 자리에서 답할 수 없을 때

→ I'm afraid I have a problem in understanding your question. I'd appreciate it if you could explain it to me in detail after the presentation.

• 같은 질문자가 계속해서 질문하는 것을 방지할 때

→ Several others have questions. I'll get back to you if time allows.

• 한 사람의 질문자에게 독점 당하는 것을 제지할 때

→ I'd appreciate it if you would limit yourselves to one question at a time so that everyone gets a chance.

• 시간이 끝났음에도 불구하고 아직 질문자가 있을 때

→ I'm afraid our time is almost up. Let's have just one more question.

→ Since we're pressed for time, this will be our last question.

• 질문이 전혀 나오지 않아서 마치려 할 때

→ It looks like I've covered everything. Thank you very much.

11.2 불확정(不確定) 요소

자, Q&A의 어려움에는 무엇이 튀어나올지 모른다는 내용에 대한 불안과, 질문이나 코멘트 자체를 못 알아 들으면 어떻게 하나 하는 영어 듣기에 관한 불안 두 종류가 있다.

먼저 내용에 관해서는, 질문을 예측해 둠으로써 어느 정도 준비가 가능하다. 2.2절에서 언급한 것처럼 예상되는 짓궂은 질문 목록을 작성해 두는 것도 가능하다. 또한, 자신의 연구내용을 거의 모르는 동료를 상대로 예행연습(rehearsal)을 해보는 것도 좋은 아이디어다. 전체적인 평가를 들을 수 있는 것과 동시에 예상 질문의 참고가 된다. 또한, 그 질문 내용으로부터 원고의 부족한 부분을 정정하는 것도 가능하다. 또 하나는 이전에도 나왔던 것처럼, 누가 뭐래도 자기의 연구는 자기자신이 가장 잘 알고 있다고 하는 자신감이다. 준비와 자신감이 있으면 해프닝을 무서워할 이유는 없다.

한편, 주도 면밀한 준비에도 불구하고 실제 상황에서 대답하기 어려운 질문이 나온 경우에는, 솔직하게 그것을 인정하고 차후에 답변을 알려드리고자 하는 노력을 할 것을 질문자에게 약속한다(표 III-10 참고). 그러나 그렇다고 해서 괴로워할 필요는 없다. 그런 질문 중에 자신의 연구에 도움이 되는 힌트가 숨어있는 경우가 많기 때문이다. 나중에 곰곰이 그에 대한 답변을 생각해 볼 가치가 있다.

순간적으로 답변이 나오지 않을 경우에는,

That' s a good question.

등과 같이 천천히 말하고, 2-3초의 시간 여유를 두는 것도 가능하다. Good 대신 쓸 수 있는 형용사인 crucial(중요한), perceptive(민감한), tough(어려운), valid(당연한) 등 여러 가지를 선택하면 질문에 대한 사교적인 표현도 된다.

다음으로, 듣기와 관련해서는 먼저 침착할 필요가 있다. 유창하게 질문하는 것을 들은 것만으로도 압도되어서, 이성을 잃는 것이 가장 문제다. "질문이 나와서 잘됐다"고 질문이 있는 것을 먼저 기뻐하자. 침착하게 호흡하면 의외로 "아, 그거?" 하고 알아들을 수 있다. 모르겠다면 질문을 반복하거나 다른 표현을 사용해 달라고 하면 된다.

질문을 들으면서 메모를 하는 것도 무척 중요하다. 복잡한 질문이거나 질문이 2개 이상이거나 하면 잊어버릴 수 있다. 질문을 외워보려고 하다가 듣는 것을 놓치는 경우도 생긴다. 복잡한 질문의 경우는 자기 나름대로 끊어서 대답하는 것도 좋은 방법이다. 그런 경우에 메모는 대단히 유용하다.

질문 내용을 완벽하게는 모르겠지만 어느 정도 감이 오는 경우에는, 자신이 알아듣기로는 이렇다고 전제한 후에 대답을 하는 것도 좋다. 다소의 빗나감은 승인될 때도 있고, 안 된다면 질문자가 정정해 줄 것이다.

또한, 긴장해서 정말로 아무것도 알아들을 수 없는 경우가 있을지도 모르지만, 최후의 수단으로써 사회자가 있다면 그/그녀에게 도움을 청할 수 있다. 그럴 수도 없이 정말 손 쓸 수 없는 경우에는 나중에 개인적으로 질문 받는 쪽으로 유도해도 좋다. (단, 너무 남발해서는 안 된다.)

어차피 언어의 문제에 있어서도 지금껏 봐 왔듯이 어떤 경우에도 대처할 방법은 있다. 표 III-10을 참고하여 배에 힘을 주고 겁내지 말고 임하자.

12. 시간 관리

발표에서 정해진 시간 안에 끝내는 것은 발표자로써 반드시 지키지 않으면 안 되는 책임이다. 시간이 연장된 강연은 의사진행 면에서도 용서될 수 없고, 당연히 청중의 흥미나 주의력도 떨어진다. 발표자는 남은 시간을 항상 신경써서, 거기에 맞추어 이야기의 진행을 즉석에서 생각하지 않으면 안 된다. 남은 시간을 의식하는 것만으로도 시간은 꽤 단축되기 마련이다.

하지만, 시간 내에 딱 맞게 마치기 위해서는 역시 준비단계에서 그 대책을 마련해 두지 않으면 안 된다. 구두 발표용 원고 작성의 단계(5.5절 참조), 강연 개요 작성 단계(제 6장 참조)에서 각각 시간의 조정을 해두는 것은 이야기했다.

강연 개요의 단계에서는 시각 (보조) 도구(제 13장에서 상세하게 기술 예정)를 실제로 사용하면서 연습을 진행하는 것이 대단히 중요하다. 화면을 제시하는 데에는 꽤나 시간이 걸리고, 오산이 생기는 경우가 많다.

화면을 사용하여, 또한 연습을 거듭하여, 모든 것이 매끄럽게 진행되는 단계에서 시간을 측정해보면 비교적 정확하다. 일정한 속도(pace)가 되면, 단계별로 여기까지 몇 분, 다음까지 몇 분이라고 하는 상태로 진행하여 강연 개요에 적어두면, 실제 발표 때에 조정하기 좋은 기준이 된다. 역시 초심자로써는 어렵더라도 노력을 들여서, 시간 내에 끝낼 수 있도록 연구하고 연습하는 것이 중요하다.

그러나, 역시 연습과 실연(實演)은 다르다. 실연에서는 긴장해서 스피드가 빨라지는 경우도 있다. 생각지 못한 청중의 반응도 있을 수 있다. 그런 경우를 상정한 계획(contingency plan: 우발사태 대비 계획)을 만들어 둘 필요성은 지금까지 여러 번 언급해 왔다. 사전에 강연이 길어진 경우나 짧아진 경우의 두 경우를 설정해서 계획을 세워두는 것이 중요하다. 예정 시간보다 길어지면 이 부분은 삭제, 시간이 남으면 이 부분을 추가한다고 정해놓는 등의 간단한 계획이라도 좋다. 이렇게 해두면 정신적으로도 안심되어 이야기가 술술 풀리므로, 결국은 대비한 계획(contingency plan)을 사용하지 않아도 될 것이다.

시간 조절의 마지막 수단으로써, 질의응답의 부분에서 다소의 시간조정을 하는 것도 가능하다. 그러나 이것은 어디까지나 최후의 수단이고, 사전에 Q&A에 할당된 시간을 대폭 줄여버리는 것은 있을 수 없다. Question & Answer Period라고 하는 것은 청중에게 공식적으로 발언권이 주어진 시간이고, 이것을 마음대로 자신의 시간으로 사용하는 것은 잘못된 것이다. 반면에, 강연 부분이 짧아져서 청중에게 시간을 많이 주는 상황이 되는 것은 에티켓에 어긋나지 않는다.

잊어서는 안 될 것은, 시계를 발표장에 가지고 가는 것이다. 시계를 풀어서 강연대나 테이블 등 눈을 돌리면 쉽게 볼 수 있는 위치에 두면 손목을 계속해서 치켜드는 눈에 거슬리는 행동을 하지 않아도 된다.

국제적인 장소에서는 더욱이 "시간은 금"이다. 시간에 민감한 사람은 존경받고, 무신경한 사람은 경멸 당한다. 중간중간 시계를 보는 모습을 보이면 청중도 "아, 시간에 신경 쓰고 있구나" 하고 안심할 것이다.

13. 시각(보조) 도구들(Visual Aids)

Visual(시각적) aid(도움)이라고 하는 것은 문자 그대로 강연 내용을 시각적인 면에서 보조하는 것으로, 흑판이나 포스터로부터 시작해서 슬라이드, 비디오, 실물이나 모형, 배포 자료와 OHP 등 여러 가지가 있다. Bovee & Thill (1989)에 따르면, 강연 3일 후에 그 내용을 기억하고 있을 확률은 시각 (보조) 도구(visual aids)를 사용한 경우는 65%, 사용하지 않은 경우는 10%로 엄청난 차이가 있다.

이렇듯 시각 도구는 효과가 강한 것인데, 여기에 더하여 3.2절에서 이야기한 것처럼, 구두라고 하는 방식으로 인한 결점을 보완하기 위해 없어서는 안 되는 것이다. 뿐만 아니라, 기술계 발표의 경우, 구두로만 발표하면 그 내용의 성질상 한계가 있다. 그림(역자 주: figures, graphs, schemes, etc.)이나 표(tables)의 사용이 없어서는 안 된다. 청각과 시각이 양면을 사용하여 이야기를 진행시키는 것은 꼭 필요한 작업인데, 시각 도구의 사용에는 함정도 많다. 득도 많지만 위험도 많은 것이다. 여기서는 국제회의에서 무엇보다 빈번하게 사용되고, 이공계의 발표에 도움이 될 만한 OHP를 중심으로 강연자의 아군이 될 시각 도구의 사용방법을 설명하겠다.

(역자 주: 원서 초판이 나온 십여 년 전과 비교하면, 지금은 OHP가 거의 사용되지 않는다는 점을 감안하시오. 대신 Microsoft의 Power Point 등으로 작성한 file을 beam project 등을 사용하여 보여주는 것이 대세이다(13.5 절 참고). 그러나 도구는 진보했지만, 영상 화면(내용)을 작성하고 활용하는 기본 요령

은 달라지지 않았다고 생각한다.)

13.1 취사 선택

"백문이 불여일견(百聞 不如一見)" 은 음성과 비교한 시각의 절대적 효과를 이야기한 속담인데, 어떤 것을 영상으로써 청중에게 보여줄까 하는 판단을 할 때는 반드시 "백문이 불여일견" 의 효과를 생각하지 않으면 안 된다. 무엇이든지 영상으로 보여주면 효과가 좋아진다는 뜻은 결코 아니다. 청중의 이해에 도움이 되는, 말로는 설명할 수 없는, 시각에 호소하는 쪽이 시간 절약이 되는 등의 정당한 이유가 없는 한 사용해서는 안 된다. 흔히, 취미 같은 기호(嗜好)에서(이렇게 밖에 생각할 수 없는) 무턱대고 아리송한 영상을 몇 번이고 보여주는 발표자가 있는데, 청중은 예술 전람회에 온 것이 아니다.

뒤에서 언급하겠지만, 영상, 특히 그림(graphic) 영상(다음 절 참조)을 제시할 때에는 나름대로의 절차를 밟지 않으면 안되며, 노력이 들게 마련이다. 그러한 노력과 시각에 호소하는 것에 따른 효율을 저울질해서 강연 내용의 어떤 부분을 어떻게 영상화(visualization) 할 것인지를 엄선하지 않으면 안 된다.

또한, 이것도 뒤에서 언급하겠지만(13.4절 참조), 한번에 영상으로써 제시할 수 있는 내용도 참으로 한정되어 있다. 영상은 어떻게 해도 효과를 발휘하는 마법 같은 것이 아니라, 많은 양을 버린 후에 단 하나의 포인트가 두드러지는 구조로 성립되어 있다. 하나의 영상을 만들 때에도 취사선택의 정신이 필요하다.

13.2 문자(Text) 영상과 그림(Graphic) 영상

영상(또는 화면)은 그 성질상 크게 나누어 2 종류가 있다. 하나는 언어를 중심으로 한 문자(text) 영상, 두 번째는 그림이나 표와 같이 말로는 쉽게 설명할 수 없는 정보를 나타내는 그림(graphic) 영상이다.

문자 영상은

(1) 5.1절에서 언급한 것처럼 자기 소개하는 자기의 이름이나 소속, 타이틀
(2) 목적이나 주제
(3) 발표순서

등을 효과적으로 표시하기 위해 사용한다. (1)~(3)은 서론(introduction)의 장에서 사용하는 것이다.

그 밖에 본론(body)에서는

(4) 전환-연결(transitions)

을 명확하게 하기 위해서도 효과를 발휘한다. 다음 내용으로 넘어가는 경우에는 문서의 목차와 같은 문자 영상을 제시하면 청중은 귀뿐만 아니라 눈으로도 새로운 부분에 들어가는 것을 확실히 알 수 있다.

또한, 결론(conclusion)에서는 중요한 요점을 기록한

(5) 요약

의 문자 영상도 필요하다.

이렇듯 문자 영상은 발표를 진행하는 데 효과적인 수단이다. 조금 후에서 언급할 "단순하게"라는 대원칙을 지킨다면, 구두라고 하는 방식(mode)의 약점을 보완하는 그야말로 도움(aid)이 된다.

한편, 그림 영상은 성격이 조금 다르다. 이것은 내용의 설명에 사용되는 것이다. 그림 영상은 보여주는 것만으로는 부족하고 청중에게 설명을 해야 한다. 문자 영상이라면 보여주고, 그 다음은 강연자가 그것을 간단히 읽거나, 가리키거나, 아니면 청중에게 그냥 보여주는 (읽도록 하는) 것으로 충분할 때도

있다. 그다지 시간은 걸리지 않는다. 그러나 그림 영상은 구체적인 설명으로 들어가기까지 어느 정도의 절차를 밟지 않으면 안되고(13.7절 참조), 그것을 포함하여 시간이 걸리게 되어 있다. 특히 취사선택의 정신을 살리지 않으면 안 되는 것이 그림 영상의 경우이다.

13.3 오버헤드 프로젝터 (Overhead Projector)

OHP(Overhead Projector)는 잘 알고 있는 것처럼 프로젝터(투영기) 위에 트랜스페어런시(transparency)라고 불리는 투명한 플라스틱 용지를 놓고 스크린에 투영하여 사용하는 것이다. 영어로는 overhead라고 줄여서 말하는데, 여기서는 일본식 명명에 따라서 OHP라고 하자. 일본에서는 트랜스페어런시(transparency)도 OHP 필름의 줄임 말로 OHP라고 부르는 경우도 있는데, 여기서는 TP라고 하자.

앞에서 언급한 것처럼, 시각 도구라고 하더라도 여러 가지 도구나 기계가 있는데, 이 OHP는 현재 국제회의장에는 최저한 준비되어 있는 가장 일반적인 시각 도구이다. (역자 주: 앞에서 언급한 것처럼, 요즘은 Power Point(또는 같은 기능의 software file)-beam projector가 보편화되어 있다.) 게다가, 다음에 언급할 것처럼 여러 가지 장점이 있기 때문에, 이공계의 발표에서는 대부분 이것을 사용한다. 따라서 OHP를 시각 도구의 대표선수로 보고 이제부터 이야기를 이어 나가겠다.

OHP의 장점은 많이 있는데, 그 중 몇 개를 소개하면,

(1) 영상 화면의 작성이 쉽고 가격이 싸다.

영상 화면의 원고를 워드 프로세서 등으로 작성하여, 프린터를 사용하여 일반 용지 대신 TP에 출력하기만 하면 간단히 완성된다. 또는, 복사기를 사용하여 일반 용지로부터 TP에 복사해도 된다.

(2) 청중과 눈맞추기(eye contact)를 하기 쉽다.

발표자는 청중을 바라보고 서있는 것이 가능하고, 자기 앞의 OHP를 통해 화면을 보여줄 수 있기 때문에 청중에게 등을 보이지 않을 수 있다.

(3) 회장을 어둡게 하지 않아도 된다.

(이것이 슬라이드와 비교할 때 장점이 되는 부분이다.)

원고(강연 개요)도 잘 보이고, 눈맞추기도 하기 쉽다. 또한 회장의 조명을 일일이 껐다 켰다 할 필요도 없다.

(4) 즉석에서 손을 대거나 쓰거나 하는 것이 가능하다.

밑줄을 긋거나, 원을 그리는 등 이야기의 진행에 맞추어 순차적으로 써내려가는 것이 가능하다. (이것 또한 슬라이드에 비교하여 우월한 점이다.) 또한, 아무것도 적혀있지 않은 TP를 준비해 두면 흑판 대신으로 사용할 수도 있다.

(5) 불투명한 종이를 사용하여 숨길 부분과 보여줄 부분을 나눌 수 있다.

예를 들어, 이것을 이용하면 한 부분을 일부러 숨겼다가 강연의 진행에 맞추어 순차적으로 열어서, 논리의 흐름을 이해시키는 수단으로써 사용할 수 있다.

(6) TP를 겹쳐서 투영하는 것이 가능하다.

이것을 이용하여 순서에 따라서 과정 등을 설명하는 것이 용이하므로 효과적이다. 이 방법이라면 진행 과정의 역방향 설명도 간단하다.

이와 같이 OHP에는 여러 가지 좋은 점이 있기 때문에 폭 넓게 사용되고 있는데, 이 장점이 십분 발휘될 수 있도록 TP의 작성 및 전달에는 충분한 주의가 필요하다.

그런데, 슬라이드 또한 꽤 자주 사용되는 시각 도구이다. 물론 프린터나 복사기의 성능 진화에 따라 줄어들었다고는 하나, 사진을 보여주는 경우 등에 사용하고 싶은 사람도 있을 것이다. 이하는 OHP 및 TP에 관한 것이지만 기본적으로 슬라이드 영사기나 슬라이드도 주의사항은 동일할 것이다.

13.4 트랜스페어런시(Transparency) 작성

효과적인 TP란 "**단순한 것**"을 말한다. 간단해 보이지만, 이것을 간과하는 사람은 실제로 많다. 문서 발표용 자료를 그대로 복사해서 만든 TP를 사용하는 발표자가 종종 있는데, 이것은 시각 도구의 의미를 전혀 이해하지 못했다는 증거이다. 문서 발표용의 원고가 그대로 구두 발표용 원고가 될 수 없는 것처럼 구두 발표용 영상은 구두발표 전용의 것으로 만들지 않으면 안 된다. 청중은 발표를 "읽으러" 온 것이 아니다. 어디까지나 "들으러" 온 것이다. 발표 논문집(Proceedings)의 일부를 잘라 붙인듯한 TP를 사용한 발표는 청중을 바보로 여긴다는 말을 들어도 변명의 여지가 없다.

상식적으로 생각하더라도, 눈 깜짝할 사이만 보여주는 화면을 읽고, 강연자의 이야기를 듣고, 동시에 자신의 머리로 이해하는 작업은 결코 쉬운 일이 아니다. 복잡한 도표(圖表), 작은 숫자들, 어수선한 정보의 홍수는 머리에 들어가지 않을뿐더러 청중을 짜증나게 만들 뿐이다. 영상 본래의 역할, 다시 말해 말로 전해지는 것을 보조하는 일을 하지 않으면 청중에게 버림받을 뿐이다.

그러면, 구체적으로 TP가 단순하다는 것은 어떤 것일까? 문자 영상의 경우, 1장에 5~6행, 1행은 6단어 정도로 조절한다. 또한 문장 전체(예: Dynamic response is poor.)가 아닌 동사를 제외한 형태(Dynamic response poor)나 구(句) 형태(Poor dynamic response) 등 간략해진 형식으로 표기한다. 물론 활자는 크게, 보기 쉽게, 여백도 충분히 두지 않으면 안 된다. 이러한 "크고", "보기 쉽고", "넉넉한" 이라고 하는 대략적인 표현으로는 충분치 않으니, 좀더 구체적인 방법을 희망하는 독자들은 "케니 (1984, pp. 79~84)"를 참조하기 바란다. 문자 크기 등의 과학적 산출방법 등이 실려있다.

또한, "색"을 사용하면 더 좋다. 최근에는 칼라 프린터의 가격도 싸졌고, 문자의 색을 바꾸어 인쇄하는 것도 간단해졌다. 그렇게까지 하지 않더라도 다른 색의 밑줄을 긋는 것은 아주 간단하다.

그림 영상의 경우도 1장의 TP에는 1개의 요점만을 싣는 것이 대원칙이다. 또한, 한 장에 불과한 경우에도, 그림이나 그래프가 복잡한 경우에는 문서 발표용과는 별도로 상세한 내용을 생략하여 구두 발표용으로 바꿔 쓴 것을 준비하는 것이 절대적으로 필요하다. TP를 작성할 때 안이한 복사를 남용하는 데 빠져들기 쉽지만, 강단에서 영상 본래의 효과를 발휘할만한 것을 시간을 들여 작성하기 바란다. 좋은 것은 그만큼의 가치가 있다는 것, 반대로 나쁜 것은 백해 무익하다는 것을 청중의 한 명으로써 경험해 본 적이 있을 것이다.

13.3절에서 얘기했던 겹침 투영용 TP의 작성을 시작으로 조금 더 전문적인 테크닉을 알고 싶은 사람은 5.2절에 소개한 나카야마(中山: 1989)의 마지막 부분을 참고하기 바란다.

한편, 그림 영상에서 도표 이외에도 주의해야 할 점이 몇 가지 있다. 첫째는 그 TP를 통해 이야기하고자 하는 것을 한눈에 알 수 있는 제목(title)을 붙이는 것이다. 예를 들어, 그래프 등을 순간적으로 분석하는 눈이 없더라도, 청중은 제목만 보는 것으로도 대강의 요점을 알 수 있다. 그러나 이 경우에도 '단순하게' 라는 원칙에 철저하게 제목은 짧게 한다. 장황한 제목으로는 전혀 의미가 없다.

범례(legends)를 표시해 두는 것도 중요하다. 사선은 무엇을 나타내는지, 점선, 별표, 종/횡축 등등 설명이 없더라도 독립적으로 대충 이해 가능하도록 해두지 않으면 안 된다. 전부 넣기에 내용이 많다면 더욱 단순화하지 않으면 안 된다는 뜻이다. 재고가 필요하다.

또한, 도표 등을 인용한 경우에는 반드시 출처를 그 TP 상에 명기(明記)해두지 않으면 안 된다. 특히 일본인들은 이 점을 지키지 않는 예가 많다. 국제회의에서 전에 본 기억이 있는 것이 스크린에 크게 비춰지거나 해서 마음을 졸이게 되는 경우가 있다. "논문 편" 에서 말했던 표절(6.4절)에 대한 주의는 구두발표의 경우에도 완전히 똑같다. 무심코 "일본인다운 감상" 에서 편리하다고 원전(原典: original)을 언급하지 않은 채 속 편하게 사용해 버리지만, 이것은 허용되지 않는 것이라는 건 이미 알고 있으리라 생각 한다

13.5 시각 도구로서 컴퓨터

지금까지 이야기해 왔던 것처럼, OHP는 현재의 이공계의 강연 발표에서는 빠뜨릴 수 없는 것이다. 발표의 중요성도 조금씩이지만 확실히 인식되고 있다. 그것에 따라, 발표용 소프트웨어(presentation software)라고 불리는 PC(personal computer)용 소프트웨어도 많이 사용되게 되었다. "Free-lancer", "Persuasion", "Harvard Graphics", 그리고 "Power Point" 등이 자주 눈에 띄는 것이다. 또 "Coral Draw" 나 "하나꼬(花子)" 등으로 대표되는, 이른바 그림 그리기 소프트웨어에도 발표용 TP 작성을 도와주는 기능이 포함되어 있다. 어느 것이든 마이크로소프트 윈도우 상에서 동작하고, 가격도 적당하다. 그 중에서도 "Power Point"는 마이크로 소프트웨어의 일부로서 함께 딸려 나오는 경우도 있어 이용하는 사람이 늘어나고 있고, 특히 정보계통의 국제회의에서 자주 눈에 띈다.

이러한 발표용 소프트웨어는 각기 여러 가지 기능을 자랑거리로 삼고 있지만, 기본적인 것은 멋들어진 칼라 TP를 간단하게 만들 수 있다는 것이다. 이를 위해 많은 템플릿(templates)이 준비되어 있고, 그것들을 이용하는 것만으로도 전문가가 만든 것 같은 대단히 아름다운 TP를 만드는 것이 가능하다. 또 그래픽(그림) 이나 간단한 기호(symbols) 등도 풍부하게 준비되어 있기 때문에, 주요한 점을 강조할 때 편리하다. 더욱이, 작성한 일련의 TP를 순서대로 화면에 비춰, 발표의 흐름을 실제로 TP를 인쇄하기 전에 점검하는 것도 가능하다.

이것을 더욱 진화시킨 것이 PC를 사용한 발표이다. 이것은, PC 화면을 TP를 통하지 않고 스크린에 투영하는 방법으로, PC의 뛰어난 성능을 효과적으로 활용하는 것에 따라 역동적인, 상당히 효과가 강한 발표를 하는 것이 가능하다. 예를 들면 TP의 페이드 인(fade-in: 서서히 화면이 나타나는 것)이나 페이드 아웃(fade-out: 그 반대), TP 중간의 애니메이션, 음향효과 등, 소위 멀티미디어(multimedia)를 구사한 발표가 가능하도록 만들어졌다. 미국 이공계의 강연이나 비즈니스 계통의 발표에서는 상당한 부분이 이러한 기능으로 변화되어 있다. 앞서 이야기했던 발표용 소프트웨어 군(群)은 이러한 형태로 사용되면 최상의 능력을 발휘할 수 있도록 만들어져 있다.

필요한 기구로는 우선 PC. 강연자 자신의 손에 익은 노트북을 지참하는 경우가 많지만, 회의장에 준비되어 있는 경우도 있다. 후자의 경우, 사용할 소프트웨어의 확인이 사전에 필요하다는 것은 말할 필요도 없다. 나머지는 OHP 위에 실어 PC의 화면을 투영하는 투과성 액정 스크린이다. 가끔 이 액정 스크린을 지참하는 사람들도 있다. 또, OHP를 사용하지 않고 PC에서 직접 비디오를 통해서 스크린에 투영하는 타입도 사용되고 있다. 어느 쪽이든 가까운 미래에 이런 스타일의 발표가 국제회의를 석권할 것은 틀림없다고 생각한다. (역자 주: 지금은 더 나은 도구와 소프트웨어로 그렇게 되었다)

13.6 전달할 때 여러 주의사항

아무리 좋은 TP가 만들어졌다 해도 그 제시 방법이 나쁘면 아무런 소용이 없게 된다. 지금부터는 TP 작성에 투자한 시간에 대한 보상을 기대하기 위해 조심하지 않으면 안 되는 제시 방법을 몇 가지 선보이겠다.

우선, 어떤 TP를 언제 제시할까 하는 것을 자기 자신이 이해하지 않으면 안 된다. 그러기 위해서는 TP 에 일련번호를 붙여 두고, 강연 개요의 어디에 사용할까를 명시해 둔다(6.2절 참조). 그렇게 하면 제시하는 것을 잊는 것도 피할 수 있고, 예를 들어 TP가 단상에서 뿔뿔이 흩어진다고 해도 신속하게 대처 가능하다. '설마...' 라고 생각할지도 모르겠지만, 테두리가 없는 TP는 펄럭펄럭 하므로 '앗차' 하는 순간 미끄러져 떨어지는 경우가 있다. 그 설마 했던 일이 실제로 일어나는 경우가 실전에서는 있다. 극도로 긴장하면 더욱 그러기 쉽다.

설마 하는 이야기에 관해 하나 더. TP에는 이물질이 묻거나 TP끼리 들러붙는 것을 방지하기 위해 얇은 불투명 용지가 끼워져 있는데, 이 얇은 종이까지 OHP에 올려 버리면, 당연한 것이지만 아무것도 비춰지지 않는다. OHP의 장점 한 가지는 청중을 향해서 설 수 있다는 것이었지만, 그 때문에 발표자는 아무것도 비춰지지 않고 있다는 것을 알지 못하고 설명을 시작해 버리는 경우도 생긴다. 무언가 청중의 태도가 이상하다고 눈치 챘을 때에는 설명이 상당 부분 진척되어 버려서, 이 같이 생각지 못한 시간의 손실을 입는 경우에는 웃을 수만 없는 일이다. 더욱이 이 얇은 종이는 TP에 착 달라 붙어 있어서, TP를 바꾸는데 시간이 걸리게 하는 등 사고의 원인이 된다. 시간 절약을 위해서도 발표 전에는 제거해 둬야 하지만, 어쨌든 TP 사이에 무언가 끼워두고 싶다면 보통의 복사용지를 사용한다.

그 전의 이야기로, 시간을 대단히 중시하는 영어권 특유의 에티켓 하나를 소개하고 싶다. 준비한 TP를 회의장까지 옮길 때에 클리어(clear) 파일 등에 넣어서 정리해 두는 사람이 많아 졌다. 이것은 TP 정리에 대단히 편리하지만, 발표 전에 반드시 꺼내서 순서대로 나열해 둔다. 하나하나 그곳에서 꺼내서 발표를 하다가는 귀중한 시간이 쓸데없이 없어지는 것뿐만 아니라, 청중이 그쪽에 마음을 빼앗겨 중요한 이야기 내용에 집중하지 못하기 때문이다.

TP의 오염에도 주의해야 한다. 바로 옆에서 직접 TP를 볼 때는 지문이나 손가락의 기름 등이 별로 눈에 띄지 않지만, OHP에 투영해 보면 깜짝 놀랄 정도로 더럽게 비춰진다. 이런 일은 특히 여러 번 연습을 한 성실한 발표자에게 많이 발생해 안타까운데, 노력해서 몇 번이고 연습했건만 그 때문에 TP에 손가락의 기름이 묻고, 그것을 알지 못한 채 청중의 기분을 나쁘게 만들어 버린다. 발표하기 전에 반드시 주의하자.

기구의 사용 방법을 사전에 확인하는 것도 매우 중요하다. OHP가 전부 비슷비슷한 구조라고는 하지만, 전원 스위치의 위치는 특별히 꼭 확인해 두는 것이 좋다. '자, 스위치 온!' 이라고 생각했는데 알 수가 없어서 여기 저기 찾는 등의 부적절한 일을 방지 할 수 있다. 특히 최근에는 발표 도중에 비디오를 사용하는 경우도 있는데, 이런 경우에는 OHP를 잠시 끄지 않으면 안되기 때문에, 필히 스위치 위치를 확인해 둔다.

다음으로 발표자, OHP 및 스크린의 상대적인 위치도 중요하다. 발표회장의 준비를 하는 전문가는 그것을 물론 이해해서 OHP는 대략 발표회장의 정면, 스크린은 오른쪽이나 왼쪽에 붙여두어야 한다. 이렇게 설치되어 있지 않다면 자신이 옮길 필요가 있다. 발표자는 당연히 OHP의 옆에 서야 하지만, 청중의 시선을 방해하지 않기 위해서 서 있는 방향과 위치를 생각하지 않을 수 없다. 또한, 긴장한 탓에 알아채지 못하는 건지, 발표자가 OHP와 스크린의 사이에 들어가 버려, 휘황찬란한 빛을 자신에게 쏘면서 설명을 하는 장면을 실제로 목격한 적이 있다. 당연한 것도 알 수 없게 되는 것이 실제 상황이니까, 그런 건 당연한 것이라고 무시하지 말고, 겸허하게 고려해 두자.

OHP에 TP를 올릴 때와 내릴 때에도 주의가 필요하다. TP을 다루는 각도에 따라 TP에서 강렬한 빛이 반사돼서 청중을 어지럽게 하는 경우가 있다. 이것을 방지하는 방법은 TP를 수평으로 미끄러지게 해서 올리고 내리는 것이다. 불빛을 끄고 올린 후 다시 켜는 것도 좋지만, 요즘 사용되고 있는 밝은 OHP 중에는 한번 끄면 한동안 사용할 수 없는 타입도 있기 때문에 주의하자. 하지만 스위치의 온 · 오프 라는 행위 자체는, 청중에게 "자, 이것을 보세요" 하고 주의를 환기시키는 효과가 있기 때문에, 긍정적으로 신호 대신에 이용하는 것도 생각해 볼 수 있다. 만일 청중의 주의가 산만해지는 것처럼 보인다면 이 방법을 사용해 보는 것도 재미 있다.

다음으로, 눈맞추기(10.2 절 참조) 하는 것도 잊어서는 안 된다. OHP의 장점 중 하나는 발표자가 청중을 향해서 서는 것이 가능하다는 데에 있다. 모처럼의 장점을 살리지 못하고 OHP를 향해 말을 하거나 스크린을 보고 말을 하면 의미가 없다. 예를 들어 청중이 화면에 빠져있다고 하더라도, 강연자 자신은 청중을 보고 말해야 한다. 항상 "청중을 의식한다"는 마음가짐은 시각 도구를 사용하는 경우에도 잊어서는 안 된다.

마지막으로, 설명을 하면서 손가락으로 가리키는 동작에 관한 것인데, OHP를 사용하면 곁에 있는 TP를 손가락으로 가리키는 것이 가능하다. 긴 지시봉이나 레이저 포인터 등으로 스크린을 가리키지 않으면 안 되는 슬라이드에 비해 유리한 점이다. "손가락"으로 가리킨다고 했지만, 손가락이 너무 두꺼워서 불가능한 사람은 볼펜과 같이 끝이 뾰족한 것을 사용해도 괜찮으며, 단, TP와의 각도가 크면 그림자가 생기기 때문에 주의를 요한다. 그러나 곁에서 손가락으로 가리키는 것은 손가락의 흔들림 등이 증폭되어 비춰지는 경우도 있다. 긴장해서 흔들림이 눈에 띄게 되는 사람은, 볼펜을 이용해서 그 끝이 지시하고자 하는 곳을 향하도록 눕혀두는 것이 좋다. (연필을 사용한다고 한다면 떼굴떼굴 구르지 않도록 육각형의 것을 준비할 것!) 화살표 모양으로 자른 두꺼운 종이를 준비하는 것도 하나의 방법이다. 이렇게 사소하지만 눈물겨운 노력을 통해서 구두 발표를 성공시킬 수 있다는 사실을 잊어서는 안 된다.

13.7 제시 방법

자 그럼, TP를 투영했다면 어떻게 할까? 영상(특히 그림 영상)의 제시 순서는

(1) 영상에 주의를 돌리고,

(2) 그 영상이 무엇을 말하려는 것인지를 말하고,

(3) 범례를 보여주고,

(4) 구체적인 도표 등의 설명으로 이동한다

와 같다. 이것을 보면 역시 시간을 요하는 작업이라는 것을 알 수 있을 것이다.

도표의 설명을 영어로 하는 것은 곤란한 일처럼 생각하지만, 사용되는 단어나 관용구를 외워버리면 어느 정도 자유자재로 구사 할 수 있다. 표III-11에 상기 (1)부터 순서대로 그 장소에 도움이 될만한 표현을 정리해 두었다. (4)는 그래프를 설명하는 경우이다. 또한 기호 등을 읽는 방법에 관해서는 표III-6~표III-9(155~159 쪽)을 참조하기 바란다.

표 Ⅲ-11 영상의 제시와 용례

(1) 주의를 환기

→ Please take a look at this graph/figure/chart.

→ Let me show you this table/diagram/model.

(2) 어떤 영상인지에 대해 말할 때

→ This graph indicates/shows/reveals that ~

→ Here is a chart which illustrates/summarizes ~

→ This diagram captures the fact that ~

→ ~ is schematized in this figure.

→ Here is a simplified sketch of~

(3) 범례를 가리키며

→ The solid/broken/dotted/thin/thick line indicates that ~

→ The asterisk/star/arrow denotes that ~

→ ~ is indicated in the parentheses/square brackets/ braces.

→ The shaded/unshaded/dotted area represents ~

(4) 설명(여기에서는 그래프)

<u>상하의 움직임</u>

→ there is a(n) (형용사) increase/rise/growth of~
decrease/drop/fall/decline of~

형용사를 사용해 변화의 정도를 표현한다

fast/rapid ↔ slow, sudden ↔ gradual, sharp/steep ↔ gentle, marked ↔ negligible, considerable ↔ slight, great ↔ small, steady, dramatic, etc.

→ There is an increase in~ †

→ There is an increase from~ to~ †

† 전치사에 주의. of는 [어느 정도], in은 [무언가], from은 [어디부터], to는 [어디까지]를 표현한다. 따라서 모든 것을 사용한 예를 들어보면

There is a sudden increase of 20 degrees in temperature from 50 to 70 degrees. 가 된다

→ The amount increases/rises/goes up from ~ to~.
rate decreases/falls/goes down
number

최고 • 최저

→ The ~ reaches/hits a peak of ~
bottom

→ The highest/maximum/peak is ~
lowest/minimum/bottom

일정(一定)

→ ~ remains steady/stable/constant at ~

→ ~levels off at the point of ~

TP나 도표의 위치관계를 말로 표현하는 방법도 일단 점검해 둘 필요가 있을 것이다. "Here"라고 말하고 손가락으로 가리키면 대부분 충분하지만, "제일 오른쪽"이나 "좌측 하단"이라든지 "밑에서 2번째" 등의 표현이 순간적으로 영어로 나오는가? 하지만 이것은 어렵지 않다. 상하좌우는 각각 top, bottom, left, right로, 중앙은 center니까 이것을 조합하면 된다. 단, 상하를 먼저 말한다. "좌측 하단"이라면 bottom left, "좌측상단"이라면 top right 이다. "위쪽 중앙"이면 top center 가 된다. "한가운데"는 dead center 이다. 제일 오른쪽/왼쪽의 "제일"은 extreme 혹은 far, 제일 위/아래의 "제일"은 very를 사용한다. 따라서 far right, very top 이 된다. "아래에서 2번째"는 second from the bottom과 같은 식으로 서수사를 사용한다. 이것보다 상세한 지시는 입으로 말할 필요가 없고, 또 말할 필요가 있는 복잡하게 얽힌 영상은 만들어서는 안 되는 것이다.

영상을 제시할 때 주의하지 않으면 안 되는 것은, 무심코 영상의 설명에 몰

두해 버려서 본래 신경을 써야만 하는 전달을 소홀히 하는 것이다. 영어 표현부터 시작해서 TP를 올리고 내리고, 손가락으로 가리키는 등 많은 일을 능숙하게 처리하지 않으면 안 된다. 하지만 그렇다고 해도 눈맞추기를 시작으로 음량, 속도, 유창함, 뚜렷하게 말하기, 발음, 표정 등에 주의해서 전달의 위력을 빌리고 싶다.

14. 연습과 실연(實演)

자, 슬슬 "구두발표 편"도 대단원에 가까워졌다. 이번에는 준비가 일단 되었다고 가정하고, 복습 삼아 강연 개요를 기본으로 한 전달의 연습이라는 것을 생각해 보고 싶다. 더욱이, 정말 실제 상황에서 어떤 기분으로 일을 능숙하게 처리해 나갈 것인가를 생각하고 마치도록 하자.

14.1 연습

연습의 중요성을 굳이 설명할 필요는 없겠지만, 강연 개요(speaking outline)가 완성된 시점을 준비완료라고 생각하면 큰 오산이다. 우선 구두 발표용 원고에 의존하는 상태로부터 강연 개요를 이용하여 이야기가 가능한 상태까지 가지 않으면 안될뿐더러(이 연습방법은 4.2절에서 이야기했다), 더욱이 강연 개요를 사용하는 전달의 연습이 기다리고 있다. 지긋한 나이에 부끄럽다는 기분도 이해하지만, 머릿속으로 생각하는 것과 실제로 해보는 것은 큰 차이가 있다는 것을 통감하고 있는 것도 연륜의 덕분이다. 구두발표는 실연(performance)의 하나라고 앞에서도 이야기했다. 연회의 여흥조차 상당한 연습을 하지 않는가? 전달의 연습도 하지 않고 사람 앞에 선다고 하는 여유는 초심자에게는 있을 수 없다.

어쨌거나 연습하는 장면을 보여주는 것이 부끄러운 사람은 남몰래 숨어서 연습을 해도 좋다. 또한 자신을 객관적으로 보는 것이 가능한 비디오라고 하는 문명의 이기가 있다. 삼각대를 사용해 혼자서 촬영하고, 혼자서 보고, 혼자서 비평할 수 있다. 꼭 이런 타입의 연습을 하기 바란다.

카메라 리허설은 실제상황과 흡사하게 진행하는 것이 중요하다. 양복을 차려 입으라고까지는 말하지 않겠지만, 그 외에는 전부 실제와 같이 하라. OHP 등의 소도구도 준비해서(없다면 있다고 가정하고), 그 일련의 동작(OHP의 작동법, 13.6절 참조) 등도 정확히 실제상황 대로 실행하는 것이 중요하다. Q&A 놀이도 해 보자. 예상되는 질문이 나왔다고 가정해서 답해 보자, 여러 가지 상황(11.2절, 표 III-10 참조)을 설정해서 답해 보는 등의 방법으로 놀아보자.

촬영이 끝나면 이번에는 비디오를 봐야겠지만, 그 때는 표 III-12에서 예로 들었던 점검표(check list)를 한 손에 들고 점검해서, 얻을 수 있는 모든 것을 확인해 주었으면 한다. 비디오로 자신의 모습을 보는 것은 다소 멋쩍지만, 냉정하게, 객관적으로, 청중이 되었다는 기분으로, 자신을 볼 필요가 있다. 잘못된 점을 발판 삼아 고치고, 그것을 촬영해 다시 확인하는 과정을 몇 번이고 반복하는 것이 좋다.

동료들 앞에서 리허설이 가능하다면, 그것보다 좋은 것은 없다. Q&A의 현장감도 맛볼 수 있고, 제3자의 객관적 의견에 귀 기울이는 것도 가능하다. 자기 자신은 어떻게 해도 알 수 없었던 이론의 함정이나 잘못된 생각 등을 발견할 수 있을지도 모른다.

실제 발표회장에서 연습한다는 것은 무리지만, 가능하다면 전날에 자신이 발표할 장소에 가보기 바란다. 예상 밖으로 알기 어려운 장소에서 당일 갈팡질팡하는 일도 있을 수 있고, 그 외에도 확인해 두고 싶은 점이 몇 가지 있다.

(1) 발표회장의 크기 (2.1절 참조)

(2) OHP나 스크린 등의 위치 (13.6절 참조)

(3) OHP 등의 장치 사양 (13.6절 참조)

(4) 슬라이드를 사용한다면 발표회장의 밝기, 스크린의 위치

(5) 연단의 전체 상태 (단상의 유무, 책상의 유무 등)

이러한 것을 예비 조사해 두고, 전체적인 발표 장소의 분위기를 확인해두는 것만으로도 기분이 상당히 편안해 진다. 그곳에서 연습은 할 수 없더라도 친숙해지는 것은 심리적으로 큰 플러스가 되는 것이다.

표 Ⅲ-12 구두발표의 점검표(Check List)

(1) 소지품에 관해서

- 발표용 개요를 가지고 있는가
- 백업으로서, 구두발표용 원고를 가지고 있는가
- TP를 가지고 있는가
- TP용 칼라 펜을 가지고 있는가
- 시계를 가지고 있는가
- 메모용지(Q&A 용), 연필 등(지시봉의 대체물로도)을 가지고 있는가

(2) 내용에 관해서

- 처음에 목적이나 주제를 확실히 이야기했는가
- 발표순서를 설명했는가
- 요점에서 요점으로 연결은 명확한가
- 현재, 전체 틀 중에서 어떤 요점의 설명을 하고 있는지를 파악 가능한가
- 필요에 맞추어 반복, 환언, 요약 등을 행하고 있는가
- 청중에게 난해한 어구나 개념은 없는가
- 최후의 요점에 대해 요약을 행했는가

(3) 전달에 관해서

- 자신을 가지고 있는가 (혹은 갖고 있는 것처럼 보이는가)
- 복장은 적당한가
- 자세는 바른가
- 목소리는 잘 들리는가
- 천천히 이야기하고 있는가
- 듣기 거북한 쓸데없는 어구는 없는가
- 정확하게 발음하고 있는가

- 로마자 읽기로 하고 있지는 않은가
- 다음절어(多音節語)는 강세의 위치가 정확한가
- 표정은 딱딱하지 않은가, 때때로 웃고 있는가
- 쓸데없는 움직임, 부자연스러운 움직임은 없는가
- 눈맞추기는 하고 있는가
- 청중을 의식하고 있는 표정이 보이는가
- 활기가 있는가

(4) 시각 도구에 관해서

- TP에 계속 번호가 달려 있는가
- 더럽혀져 있지 않은가
- 문자, 도표가 크고 확실히 읽히는가
- 한 장에 한 요점만 게시되어 있는가
- 한 장에 6행 이상, 한 행에 6단어 이상 쓰여 있는가
- 각 도표에 타이틀이 있는가, 길지는 않은가
- TP에 인용이 있다면 원전이 언급되어 있는가
- OHP의 작성법을 지키고 있는가
- 청중의 시각을 방해하고 있지는 않는가
- 영상의 도입과 설명은 적당한가

(5) Q&A 에 관하여

- 질문을 들어가면서 메모를 하고 있는가
- 필요하다면 질문을 자신의 말(입으)로 반복하였는가
- 답은 간결한가
- 질문자에게 주도권을 빼앗기지 않았는가

(6) 시간 관리에 관하여

- 시간의 배분은 어떤가
- 시간 내에 끝냈는가

(7) 전체에 관하여

- 알기 쉬웠는가

14.2 실연(實演)

점검표에 따른 소지품 점검 및 주의사항의 재확인이 끝나면 자, 정말로 출진(出陣)이다. 길었던 준비과정도 끝나고 드디어 실제로 발표할 때가 왔다. 심장이 튀어나올 것 같지만, 무릎이 부들부들 떨리지만, 이제는 그야말로 "할 수밖에 없다"는 것이다. 아니, 그런 부정적인 태도는 좋지 않다. 여기까지 준비를 해왔기에 이제는 자신의 발표를 즐기는 것이다. 나에게는 준비를 통해 생긴 자신감이 있다.

처음 말을 시작했다면 오로지 내용에 집중하는 것이다. 이런저런 주의사항 등은 이미 신경 쓸 필요가 없다. 열의를 가지고 청중에게 내용을 분명히 전하는 것, 이것에만 전념하면 된다. 발음을 틀렸다고 해도 좋다. 문법이 이상해도 좋다. 자신을 가지고 나아가자. 천천히, 천천히 즐겨보자. 그렇게 해도 10분이나 20분은 순식간에 가버린다. 금방 "Thank you"라고 말하는 때가 오고, 발표 회장에서 큰 박수가 들려올 것이다. Q&A라도 무서워할 것은 없다. 지금이야말로 청중의 생생한 반응을 들을 수 있는 것이다. 두근두근 거리지 않는가?

첫 구두발표는 이렇게 해서 해피 엔딩을 맞이한다.

15. 끝맺음

본 편은, 원고를 쓰기 이전의 밑 준비의 단계부터, 구두 발표용 원고작성, 강연 개요의 작성, 그리고 전달과 실제 발표에 이르기까지의 과정을 따라가면서 각각의 단계에 주의해야 할 점 등을 해설해 왔다.

"구두발표 편"에서는 준비의 중요성을 강조할 생각이었다. 준비를 위해 시간을 투자하는 것, 그것이 실제상황에서 효과를 발휘하는 방법임을 각 장에서 이야기했다. 이것은 매우 당연한 것이지만, 지금까지 일본인들이 의외로 신경을 쓰지 않았던 점이라고 생각한다. "영어로 구두발표라니, 아무래도... 아무래도..." 하고 꽁무니 뺐던 사람, 혹은 "한번 해보았는데, 역시 제대로 하지 못했다" 하고 한탄하는 사람도 다시 한번 이 점을 생각할 필요가 있다.

영어권의 사람들은 "말하다"라는 것의 중요성과 의의, 어려움을 이해하고 있기 때문에, 그 나름의 대처 방법을 이것저것 궁리하고, 생각하고, 노력을 게을리 하지 않는다. 그것을 일본인은 생각하지도 않고 단순히 언어 문제로만 돌리고, 영어가 모국어가 아니라서 실패했다고 한탄하고 있는 것은 아닌가? 이렇다 할 준비도 하지 않고, 게다가 언어 문제도 있다고 한다면, 제대로 안 되는 것은 당연하다. 역으로 언어 문제도 극복할 수 있을 정도로 제대로 준비하고 임한다면 분명히 잘 해낼 수 있다.

"논문 편"의 문서로 실시되는 발표 방법과 "구두발표 편"의 구두발표는 공통점도 있고 다른 점도 있다. 각각의 특징을 파악하여 그 특징들이 활용되도록 발표하지 않으면 안 된다. 같은 내용을 다룬다면, 문서든 구두든 전달 방식이 다름에도 관계없이 똑같다고 착각하기 때문에 실패를 한다. 문서와 구두의 차이를 확실히 인식한 후에 시작하는 것도 중요하다.

양자 모두 영어라는 언어를 통해서 발표하는 것이기 때문에, 발신자 측이 수신자 측의 이해를 얻기 위해 일체의 책임을 져야 한다는 것은 공통적인 요소이다. 수신자 서비스를 끊임없이 명심하고 있다면 큰 줄기에서 틀릴 일은 없다.

나머지는 준비에서 기인한 자신감을 무기로 단상에 오르는 것뿐이다. 일단 경험을 하면, 그것이 무엇보다도 공부가 된다.

Good luck!

인용문헌

American Mathematical Society, *A Manual for Authors of Mathematical Papers*, 7th ed. Providence, RI : American Mathematical Society, 1980.

American Society of Mechanical Engineers, *An ASME Paper (ASME Manual MS-4)*, Fairfield, NJ : American Society of Mechanical Engineers, 1991.

Arnaudet, Martin L., and Barrett, Mary. E., *Approaches to Academic Reading and Writing*, Englewood Cliffs, NJ : Prentice-Hall, 1984.

Bovee, Courtland L., and Thill, John. V., *Business Communication Today*, 2nd ed. New York : Random House, 1989.

Dodd, Janet S. (ed), The ACS Style Guide : *A Manual for Authors and Editors,* Washington, DC : American Chemical Society, 1986.

Hathwell, David, and Metzner, Kenneth, A.W. (eds), *Style Manual*, 3rd ed. New York : American Institute of Physics, 1978.

Hinds, John, "Reader versus writer responsibility : A new typology," in *Writing Across Cultures* (Ulla Conner and Robert Kaplan, eds), Reading, MA : Addison-Wesley, 1978.

Hunt, Kellogg, W., "Early blooming and late blooming syntactic structures", in *Evaluating Writing : Describing, Measuring, Judging* (Charles R. Cooper and Lee Odell, eds), Buffalo, NY : National Council of Teachers of English, 1977.

Institute of Electrical and Electronic Engineers, "Information for *IEEE authors*," IEEE Spectrum, 2, 1965.

Krashen, Stephen, *The Power of Reading : Insights from the Research*, Englewood, CO : Libraries Unlimited, 1993.

Longman Dictionary of Contemporary English, New Edition, Essex : Longman, 1989. (롱맨 現代英英辭典 〈新版〉 桐原書店)

McKerrow, Phillip J., *Introduction to Robotics,* Sydney : Addison- Wesley, 1991.

Oxford Advanced Learner' s Dictionary, 4th ed. Oxford : Oxford University Press, 1989. (옥스포드 現代英英辭典 開拓社)

Prator, Clifford H., and Robinett, Betty W., *Manual of American English Pronunciation*, 4th ed. Tokyo : Harcourt Brace Jovanovich Japan.

Shouse, Kenneth R., and Taylor, David G., "Discrete-time observers for singularly perturbed continuous-time systems," *IEEE Transaction on Automatic Control*, 40, February 1995.

Tsao, Feng-Fu, "Linguistics and written discourse in particular languages : Contrastive studies : English and Mandarin," *Annual Review of Applied Linguistics*, 3, 1982.

大西(오오니시) 泰斗, 맥베이 · 폴 : 네이티브 스피커의 英文法, 硏究社, 1995.

小倉(코쿠라) 一浩, 日本科學技術英語硏究會編 : 科學技術論文 · 報告書에 必要한 英語의 상투적 文句集, 日興企劃, 1978.

케니 · 피터, 나카무라(中村輝太郎) 譯 : Kenny 英語口頭發表, 丸善, 1984.

小西(고니시) 七友 編 : 지니어스 英和辭典, 大修館, 1988.

崎村(사키무라) 耕二 : 英語論文에 잘 쓰는 表現, 創元社, 1991.

時枝(토키에다) 誠記 : 日本文法 口語篇, 岩波書店, 1978.

富山 健(토미야마 켄), 富山眞知子(토미야마 마치코) : "電氣 · 電子技術者의 英語論文作法 (1)~(3)", 電氣學會雜誌, **112**, 8, 9, 10, 1992.

富山眞知子(토미야마 마치코), 富山 健(토미야마 켄) : "電氣電子技術者의 英語口頭發表作法 (1)~(3)", 電氣學會雜誌, **113**, 8, 10, 11, 1993.
中山(나카야마) 茂 : 科學者를 위한 英語口頭發表 방법, 朝倉書店, 1989.
野口(노구치) 悠紀雄 : 續 '超' 整理法 · 時間編, 中央公論社, 1995.
피터센 · 마크 : 日本人의 英語, 岩波書店, 1988.
松井(마쓰이) 惠美 : 英作文에서 日本人다운 실수, 大修館書店, 1979.
宮野(미야노) 晃 : 技術英語 쉬운 表現법, 工業調査會, 1993.
山口(야마구치) 喬 : 科學英語 쓰기, 培風館, 1994.

한글 찾아보기

영어 찾아보기

Q

R

S

T

U

V

W

저자 약력

토미야마 마치코 富山眞知子

1975년 국제기독교대학 교양학부 어학과 졸업
1977년 캘리포니아 대학 로스앤젤레스 교 (UCLA) 대학원 석사과정 수료
(Teaching English as a Second Language)
1988년 Ph.D. (Applied Linguistics, 펜실베이니아 주립대학교)
1992년 東洋學園대학 조교수
1996년 ~ 현재까지 東洋學園대학 교수 (인문학부 영미언어학과)

토미야마 켄 富山 健

1971년 동경공업대학 공학부 제어공학과 졸업
1973년 캘리포니아 대학 로스앤젤레스 교 (UCLA) 대학원 석사과정 수료
(System Science)
1977년 Ph.D. (System Science, 캘리포니아 대학 로스앤젤레스 교)
1978년 텍사스 대학 엘파소 교 조교수 (이공학부 전기공학과)
1983년 펜실베이니아 주립대학교 조교수 (공학부 전기공학과)
1988년 靑山學園대학 조교수
1991년 ~ 현재까지 靑山學園대학 교수 (이공학부 기계공학과)

역자 약력

윤 기 준

1973년 서울대학교 공과대학 화학공학과 학사
1975년 한국과학기술원 화학공학과 석사
1982년 펜실베이니아 주립대학교 화학공학과 박사
1975~1979년 한국과학기술연구원 연구원
1983년~현재까지 성균관대학교 공과대학 화학공학과 조교수, 부교수, 교수

박 현 해

1991년 東京都 港區立 三田 小學校 졸업
1994년 東京都 港區立 三田 中學校 졸업
1997년 세화 남자고등학교 졸업
2003년 중앙대학교 일어일문학과 학사
2003~2007년 한화그룹 한화 63시티 자산관리사업부
2007년 현재 재단법인 서울산업통상진흥원 근무
사단법인 한국빌딩경영협회 국제교류위원
번역 프리랜서

이공계 영어논문 쓰기와 구두 발표의 실제

초판인쇄 2008년 8월 25일
초판발행 2008년 8월 30일
재판발행 2010년 7월 10일

지은이 토미야마 마치코 · 토미야마 켄
역자 윤기준 · 박현해
감수 이재호
펴낸이 홍정수
펴낸곳 탐구당
출판등록 1950. 11. 1 서울 제 03-00993호
주소 | 140-011 서울특별시 용산구 한강로1가 158
전화 | (02)3785-2211~5 | 팩스 (02)3785-2272
e-mail | tamgudang@tamgudang.co.kr
http://www.tamgudang.co.kr

ISBN 978-89-87314-29-7 13740

값 10,000원